W0337337

SONDERZAHL

Evelyne Polt-Heinzl

Bücher haben viele Seiten

Leser haben viele Leben

SONDERZAHL

Publiziert mit Unterstützung des Bundeskanzleramtes – Kunstsektion
und der Kulturabteilung der Stadt Wien

www.sonderzahl.at

Schrift: Sabon, Frutiger 45
Druck: REMA*print*, Wien
ISBN 3 85449 225 1

Umschlag von Thomas Kussin

Inhalt

Von allen Arten, sich Bücher zu beschaffen, wird als die rühmlichste betrachtet, sie selbst zu schreiben.

Walter Benjamin

Mehr als ein Buch

Büchersurfen oder der Eingang zur Welt

[...] als wäre Kommunikation plötzlich zu einer himmlischen Angelegenheit geworden.
José Saramago

Als das große Surfen im Netz begann, zeigte der Bildschirm ein Schiff mit geschwellten Segeln, das weniger an die Eroberung des Cyberspace à la Raumschiff Enterprise denken ließ, denn an das heroische Zeitalter der Weltumsegler und Welteroberer. Kurz darauf adaptierte Rolf Vollmanns Roman-Verführer »Die wunderbaren Falschmünzer« das Bild des Weltenseglers als Ausgangspunkt und roten Faden für eine Reise durch die Literatur von 1800 bis 1930. Ein *großer Wind* treibt die Romanschiffe aus den Buchten hinaus ins unendlich offene Meer der Literatur. Dort segeln sie einträchtig nebeneinander, werden von Jahr zu Jahr mehr, und der Leser kann in ihren Gewässern nach Herzenslust navigieren und mit den Bücherschiffen zu immer neuen Welten aufbrechen. Weltumsegeln und -erobern sind genuine Optionen der Literatur, und Vollmann zeigt, wie eine im Umfeld der neuen Medien aktualisierte Bildvorstellung für die Buchwelt zurückerobert werden kann.

Das Buch als (Weltraum)Schiff hat eine lange Tradition. Wenn Peter Behrens 1899 als Signet des Insel Verlags ein Segelschiff entwarf, ist damit nicht nur das notwendige Transportmittel zur Insel gemeint; es enthält genauso die Assoziation vom Buch, das mit geblähten Segeln in die weite Welt der Leser aufbricht. Bücher sind *leichte, zuverlässige Schiffe für Fahrten in Zeit und Raum und darüber hinaus*, schrieb Ernst Jünger 1944. *Bevor die Raumfahrt auch nur ihren Anfang genommen hat*, notiert dazu Hans Blumenberg, *ist sie als Metapher konzipiert*. Das ist ein vertrautes Phänomen der Literatur. Das Hörbuch zum Beispiel erfand Cyrano de Bergerac schon 1657 in seiner »Reise zum Mond«:

Beim Öffnen des Kästchens fand ich darin etwas aus Metall, das ungefähr unseren Uhren glich, voll von irgendwelchen kleinen Federn und nicht mehr wahrnehmbaren Maschinen. Das ist wirklich und wahrhaftig ein Buch: aber ein wunderbares Buch, das weder Blätter noch Buchstaben hat. Kurz, es ist ein Buch, zu dem, daraus zu lernen, die Augen unnötig sind, man braucht nur Ohren. Solche Überraschungsfunde sind im Büchermeer vorprogrammiert, mitunter sogar für den eingeschworenen Internet-Freak. Bernd Zellers Cartoon »Kids entdecken das Buch« zeigt einen kecken Youngster mit Baseball-Kappe, Schild nach hinten. Verwegenen Blicks liest er in einem Buch und fragt, Boris Beckers TV-Werbespot zitierend, ziemlich verblüfft: *Hää – bin ich da jetzt schon drin oder was?* So schnell kann's gehen. Nicht ungefährlich, aber spannend.

Vieles, was in der ersten Internet-Euphorie als Novität gefeiert wurde, ist Lesern immer schon vertraut. Dass man, von Link zu Link weiterklickend, vielleicht nicht immer das findet, was man sucht, dafür aber von Dingen und Informationen gefunden wird, die man gar nicht gesucht hat, das kennt der Buchliebhaber vom Stöbern in Bücherregalen. Für Umberto Eco muss jede *dem Menschen gemäße Bibliothek* die Möglichkeit bieten, Bücher zu entdecken, *deren Existenz wir gar nicht vermutet haben, aber die sich als überaus wichtig für uns erweisen.* Dazu bedarf es nur frei zugänglicher Regale, an denen nach Herzenslust entlanggeschlendert, rausgefischt, durchgeblättert und wieder reingestellt werden kann. Auch der Link selbst ist der Buchwelt nicht fremd, sondern eine Art Weiterentwicklung des Reichs der Fußnote[1]. Diese kleingedruckten Anmerkungen liefern seit je abschweifende Informationen, die den linearen Fluss des Textes unterbrechen, und enthalten Literaturverweise, die eine Art virtuelle Bibliothek darstellen. Radikal neu ist dafür die Tatsache, dass der Bild-

[1] Was es über dieselbe zu sagen gibt, ist nachzulesen in: Peter Rieß, Stefan Fisch, Peter Strohschneider: Prolegomena zu einer Theorie der Fußnote. Münster, Hamburg: LIT-Verlag, 1995. (*fußnote: anmerkungen zum wissenschaftsbetrieb. Bd 1).

schirm kleinere Textportionen verlangt und damit auf kurzatmige Aussage- wie Lesefrequenzen konditioniert. Und neu ist auch manche Verwirrung. *Verbindungen entstehen im Kopf und nicht durch Hyperlinks. Was virtuell nebeneinander liegt, muß real nichts miteinander zu tun haben*, gibt Florian Felix Weyh in seiner Gebrauchsanweisung zum Thema »Internet« zu bedenken und markiert damit einen entscheidenden Unterschied zum Buch, wo solche Warnungen überflüssig sind.

Ein Schlüsselbegriff ist das Zauberwort ›interaktiv‹ geworden. Das Bild vom interaktiven Programm macht uns glauben, die Maschine würde mit uns autonom ›interagieren‹, und lässt uns vergessen, dass wir dabei nur alle Virtualitäten eines von Menschen gemachten Programms durchspielen; sowohl unsere Reaktionen als auch jene der Maschine finden an den programmierten Variationsmöglichkeiten ihre Grenze. Laut einer Fragebogen-Umfrage bei ambitionierten Internet-Nutzern, wird interaktiv zwar als typisches Merkmal von neuen Medien interpretiert, aber die damit verbundenen Vorstellungen bleiben eher diffus. Noch die jüngste Auflage des Duden Fremdwörterlexikons definiert den Begriff interagieren so: *aufeinander bezogenes Handeln zweier oder mehrerer Personen, Wechselbeziehung zwischen Handlungspartnern (Psychol., Soziol.)*; und interaktiv (ein Begriff der in der Ausgabe von 1977 noch nicht vorkommt): *Interaktion betreibend (Psychol., Soziol.)*. Der heutige Sprachgebrauch überträgt das Begriffsfeld *Interaktion* auf das Verhältnis Mensch–Maschine und ist uns so selbstverständlich geworden, dass wir es als gegeben hinnehmen, mit Maschinen zwischenmenschlich zu verkehren. Durch diese Monopolisierung gerät leicht in Vergessenheit, wie interaktiv das Verhältnis Autor–Buch–Leser immer schon war. Der ungarischen Filmtheoretiker und Essayist Béla Balázs beschreibt in seinem Feuilleton »Meine Bibliothek«, wie sich der kleine Béla das lebhafte Treiben hinter der unbeweglichen Wand aus Buchrücken vorstellte. Hamlet und Raskolnikow sitzen *dort hinten irgendwo* in langen Nächten düster schweigend beieinander, denn *[d]ie Gestalten sämtlicher Romane und Dramen lebten und trieben ihr Wesen dort hinten. Ich dachte mir, daß an den Seiten der Bücher sich kleine Türen öffnen, durch welche die Figuren, aus einem Buch ins andere, zueinander auf Besuch hinübergehen. Und sie alle kennen einander gut. [...] Später, als ich schon selbst eine Bibliothek hatte, war es auch nicht so einfach, mit ihr zusammenzuleben wie mit den anderen toten Möbeln und Dingen. Ich hatte die Empfindung, daß das Bibliothekszimmer keine bergende Wand hat. Tausend Bücher öffneten wie tausend Lebensfernrohre Perspektiven nach außen. Es war wie im Turm einer Sternwarte.*

Die von Buch zu Buch huschenden literarischen Figuren sind ein ebenso originelles Bild für das, was wir heute Intertextualität nennen, wie die Vorstellung von der Bibliothek als Sternwarte für die Weltenräume erobernden Angebote der Bücher. Wer diese Art des Abenteuers einmal kennen gelernt hat, der will es nicht mehr missen und entwickelt leicht missionarische Tendenzen. Deshalb reagierten leidenschaftliche Leser immer schon sensibel auf Imageverluste des Buches, das einen wesentlichen Bestandteil ihres Lebens darstellt. *Daß jedes Stück bedruckten Papiers einen Wert darstellt, daß alles Gedruckte geistiger Arbeit entspringt und Respekt verdient, ist bei uns eine veraltete Anschauung*, klagte Hermann Hesse schon 1908. Ein Rückblick auf die lange Tradition der Abgesänge ist nützlich, wenn man von der Krise spricht, in die jene Kulturtechnik geraten ist, die unser abendländisches Selbstverständnis wie keine andere geprägt hat. Manche ›Leichenreden‹, dauern einfach besonders lange, und das gilt wohl auch für das Ende des Gutenberg-Zeitalters, das schon vor geraumer Zeit ausgerufen wurde. Wer einmal *die ganze Magie des Buches* empfunden hat, der kann wie Stefan Zweig nur *lächeln über die Kleinmütigkeit* derer, die schon 1931 meinten: *Die Zeit des Buches sei zu Ende [...] das Grammophon, der Kinematograph, das Radio als raffiniertere und bequemere Übermittlungsleiter des Wortes und des Gedankens begännen schon das Buch zu verdängen, und bald würde seine kulturhistorische Mission der Vergangenheit angehören.*

Ähnlich gelassen zeigt sich ein Dreiviertel Jahrhundert später Alberto Manguel in seiner »Geschichte des Lesens«: *Ich Jetztzeitleser halte meine Lesenotizen im Ersatzgedächtnis meines Computers fest. Wie der Renaissance-Gelehrte, der durch die Säle seines Gedächtnispalastes wandelt, um ein Zitat oder einen Namen aufzufinden, begebe ich mich, wenn auch blind, in das elektronische Labyrinth, das hinter dem Bildschirm summt.* Trotz rückhaltlosem Bekenntnis zur Bibliomanie fehlt hier jede Endzeitstimmung. Manguel gibt sich als aktiver und versierter Benutzer und Profiteur von Computer wie Internet zu erkennen, der sich mit Verweis auf analoge Medienwechsel in der Schriftkultur – von der Tontafel zur Schriftrolle zum Kodex zum Buchdruck – von apokalyptischen Tendenzen klar distanziert. Schließlich wurde auch das gedruckte Buch anfangs als kultureller Niedergang verstanden. Federigo von Urbino (1444–1482), dessen reiche Bibliothek aus Handschriften bestand, geschrieben auf Pergament und gleichmäßig eingebunden in Karmoisinsamt mit silbernen Beschlägen, *hätte sich geschämt*, ein gedrucktes Buch zu besitzen (Jacob Burckhardt).

Aktuelle User-Analysen bestätigen es: Die Trennung Freak–Bücherwurm ist nicht aufrechtzuerhalten. Aktive Nutzer der neuen Medien haben eine deutlich stärkere Affinität zum Lesen als Medienabstinenzler, und sie haben – wie Manguel – auch klarere Vorstellungen über die ›natürlichen‹ Grenzen der neuen Medien. *[…] die Ordnung für meine Notizen und die Folgerungen daraus muß noch immer ich selbst schaffen. Zudem lebe ich in der Angst, eine gespeicherte Erinnerung zu verlieren – eine Angst, die bei meinen Vorfahren erst mit der Vergeßlichkeit des Alters begann, mich aber ständig begleitet: ein Stromausfall, ein fehlgeleitetes Kennwort, ein Systemfehler, ein Virus, eine defekte Diskette, und alles ist aus meinem externen Gedächtnis gelöscht.*

Vielleicht werden es einmal doch die Bücher sein, die bleiben.

Archäologische Funde wie Tontafeln oder lederne Schriftrollen, die über die Jahrtausende hinweg lesbar geblieben sind, das ist mit CD-Roms schwer vorstellbar. In der Entwicklung gilt bislang die Faustregel: je elaborierter das Schreibwerkzeug, umso kürzer seine Lebensdauer. Die permanenten Datenkonvertierungen durch systemische Hochrüstung sind nicht nur aufwendig und reduzieren weltweit das Ankaufsbudget der Bibliotheken, sie führen auch die beängstigende Kurzlebigkeit der neuen Speichermedien vor Augen. »Die jüngsten Formen der Bücherverbrennung« übertitelte Thomas Tanselle 1993 seinen Bericht über die systematische und subventionierte Vernichtung von Gedrucktem im Zuge der digitalen Umrüstung. *Die Barbaren stehen nicht mehr vor den Türen der Bibliotheken, sie führen dort – in der Library of Congress, in der New Yorker Columbia University, in Harvard, sogar in der altehrwürdigen British Library – inzwischen selbst die Geschäfte*, warnt Nicholson Baker in seinem Buch »Double Fold, Libraries and the Assault on Paper«. Platznot, Geldmangel, Ignoranz und falsch verstandene Modernisierungsmanien bilden hier wohl manch unheilvolle Allianz.

Es ist eine großartige Navigation. Wenn du eine Seite umblätterst, ist die vorherige nicht gleich verschwunden. Unser Tastsinn verbindet sich hier mit dem zerebralen Ortssinn, was jedes Erinnern und Wiederfinden in der Regel enorm erleichtert. Der Akt des Blätterns unterstützt den Leser bei der Orientierung in umfangreichen Argumentationen, etwa bei längeren Texten. So klingt es, wenn Joseph Jacobson, Leiter der Forschungsstelle für virtuelle Bücher am Bostoner MIT, die Vorteile des alten ›Mediums‹ Buch beschreibt. Allerdings ist das Buch viel mehr, und Medium bedeutet hier weniger eine Ehrenrettung als die simplifizierende Unterwerfung unter einen Sprachgebrauch, der alles unter den Tisch fallen lässt, was in diesem Modewort nicht enthalten ist. Das Buch öffnet für den, der es nutzt, ein Universum, und das meint nicht nur die in ihm verwahrten inhaltlichen Welten, sondern auch die ästhetische Freude am Buch. Es ist ein praktisches und zugleich formschönes Objekt, das wir mit allen

Sinnen wahrnehmen. Es kann unsere Augen ebenso erfreuen wie es unsere Hände beschäftigt.

Jene, die Bücher schreiben, haben sich immer schon Gedanken darüber gemacht, was es mit der Buchwelt auf sich hat. Wozu liest man, was bedeuten einem das Buch, die vielen Bücher. Schreibende sind in der Regel auch Vielleser und thematisieren gerne ihre Liebe zum Buch. Sie sollen hier immer wieder als kundige Auskunftspersonen befragt werden, wenn es darum geht, nachzuforschen, welche Haltungen dem Buch gegenüber man einnehmen kann, was man von Büchern zu erwarten hat und wie man sein Leben mit ihnen organisiert. Denn Bücher sind anstrengende Haustiere und das Zusammenleben mit ihnen birgt jede Menge Tücken und Gefahren. Aber selbst dort, wo Auswüchse der Bibliomanie karikiert werden, bleibt den Büchernarren immer auch ein Rest von Liebenswürdigkeit. Dass AutorInnen die Gefahren manischer Sammelwut am Beispiel Büchermensch abhandeln und davon in einem Buch erzählen, enthält auch einiges an Selbstironie dem eigenen Handwerk, der eigenen Leidenschaft gegenüber – Lesen kann auch Selbstreflexion fördern.

Wunder-Bücher

Unter den verschiedenen Werkzeugen des Menschen ist das erstaunlichste zweifellos das Buch.
Jorge Luis Borges

Bücher, alle Bücher, sind eigentlich Wunder und wir sollten auf die Knie fallen, wenn wir sie in die Hand nehmen, schreibt Vilém Flusser. In der Außensicht der – buchfremden – Öffentlichkeit ist das Image von Buchmenschen freilich oft eher zwiespältig. Sie sind mit eingeschlossen in »Das Lachen der Thrakerin« (Hans Blumenberg) über den forschenden Wissenschaftler, dessen eigenwilliges Gebaren die beobachtende Magd nicht zu deuten weiß. Unverständnis, Intellektuellenfeindlichkeit und die Eigenschaft des Buches, sich ideal als Staubfänger zu eignen, lassen den Buchliebhaber leicht ein wenig verschroben erscheinen. Das übersieht die Pfiffigkeit, die aus dem Umgang mit Büchern im Spiel mit Sprache, Rollenbildern und Verhaltensoptionen erwachsen kann. *Das Kunstwerk ist anders, damit wir, einmal wie für immer, erfahren, daß Anderssein möglich ist […] als symbolische Handlung spricht das Kunstwerk eine Einladung zur Handlungs*fähigkeit *aus*, resümiert Adolf Muschg in seinen Frankfurter Vorlesungen mit dem Titel »Literatur als Therapie?«

Das wussten die Herrschenden immer schon, die Aura der Antimodernität ging in der Ikonographie stets Hand in Hand mit ihrem Gegenteil, der aufklärerischen Gefahr, die vom (verbotenen) Buch ausgeht, das neues Gesellschaftswissen vorbereitet und verbreitet. Außerdem, so Franz Schuh, war den Aufsehern unserer Realitäten noch nie etwas mehr *verhaßt als die Vorstellung, man könne sich ihnen ohne weiteres und sogar noch lustvoll entziehen*. Sklaven war das Lesen verboten. In Alfred Anderschs Roman »Sanisbar oder der letzte Grund« (1957) wird Ernst Barlachs *Lesender Klosterschüler* zum Symbol für Widerstand und Freiheit. *Lesen, dachte er. Noch einmal lesen. So lesen, wie der da vorn.* Das wünscht sich eine der Figuren, die an der Rettung der Holzskulptur vor der Konfiszierung durch die Nazis beteiligt ist.

Als das Internet noch recht neu und in seiner Potentialität grenzenlos schien, senkte sich die Wagschale mit der Kategorie *altmodisch* vorübergehend nahezu ins Bodenlose. Schon einen Buchkalender zu benutzen anstatt eines elektronischen Organizers konnte da genügen, um das finale Urteil *für die moderne Geschäftswelt verloren* festzuschreiben. Interessanterweise fanden die pejorativsten Formulierungen oft die bekennenden Verteidiger des Buches. Martin Bernhofer etwa spricht in dem von ihm herausgegebenen Band »Das Buch meines Lebens« von der *Gutenberg-Sekte*, die *von den Kanzeln der Schriftkultur aus* den Fetisch Buch verteidigt. Mittlerweise haben sich die Gemüter beruhigt und es scheint sich Konsens darüber einzustellen, dass auch für Internet-User die Fähigkeit zu lesen nicht von Nachteil ist. Außerdem hat sich ein unerwarteter Effekt eingestellt: Durch die bloße Digitalisierung kann über Nacht Vergessenes wieder up to date werden. Trotzdem impliziert das Lesen von Büchern einfach mehr als das Lesen gescrollter Texte. Dieses ›Mehr‹ umfasst auch die sinnliche Freude, die Bücher bereiten können, und macht den uneinholbaren Vorteil des Buches aus. Das haptische Vergnügen, ein Buch in der Hand zu wägen und durchzublättern, ist in der digitalen Lesewelt nicht zu haben.

Die neuen Konkurrenzmedien sind natürlich ernst zu nehmen, doch das Buch hatte immer schon mächtige Mitbewerber – zum Beispiel das Leben. *Jedes Buch ist ein Diebstahl am eigenen Leben. Je mehr man liest, desto weniger kann und will man selber leben. Das ist schrecklich! Bücher sind der Tod. Wer viel gelesen hat, kann nicht glücklich sein […] Bücher haben mir mehr gegeben als Menschen […] In Gedanken habe ich alles erlebt, alles aufgenommen*, schrieb Marina Zwetajewa in einem Brief an den Maler Maximilian Alexandrowitsch Woloschin. Die Zeit, die man dem Lesen widmet, kann in depressiven Phasen als verlorene

Lebenszeit erscheinen. Dem steht in der Regel die ungleich größere Zahl lohnender Leseerlebnisse gegenüber. Für Brigitte Kronauer kann ihre Intensität eine Art *Kurerfolg* bewirken: *Was im Leben nie gelingt, ekstatische Momente, Augenblicke höchster Inbrunst (schlicht: ein Höchstmaß an Interesse) konstant zu machen*, das erzielt die Literatur. »Moment beim Lesen« heißt Kurt Tucholskys Versuch, zu beschreiben, was mit dem Leser passiert, wenn das Buchstabenmeer rauschend über ihm zusammenschlägt:

Manchmal, o glücklicher Augenblick, bist du in ein Buch so vertieft, daß du in ihm versinkst – du bist gar nicht mehr da, Herz und Lunge arbeiten, dein Körper verrichtet gleichmäßig seine innere Fabrikarbeit – du fühlst ihn nicht. Du fühlst dich nicht. Nichts weißt du von der Welt um dich herum, du hörst nichts, du siehst nichts, du liest. Du bist im Banne eines Buches. (So möchte man gern gelesen werden.) […] Wer so durchhalten könnte: zweihundert Seiten lang! Aber das kann man wohl nicht.

Doch ambivalent ist und bleibt das Verhältnis Buch und Leben allemal. *Die Neuzeit beginnt in jenem Augenblick*, lässt Gerhard Köpf Jorge Luis Borges in seiner Novelle »Borges gibt es nicht« (1991) sagen, *da Don Quijote de la Mancha sein Dorf verläßt, hinauszieht in die Welt und entdeckt, daß die Welt nicht dem gleicht, was er über sie gelesen hat.* Das spielt auf die Notwendigkeit an, alle Denkkonstrukte an der Wirklichkeit zu überprüfen, und impliziert zugleich eine der Titelfigur würdige Volte. Denn denkbar ist dieser Satz nur dadurch, dass Cervantes diesen Aufbruch in die Welt verschriftlicht hat, und wir so heute davon, sein Buch lesend, Kenntnis nehmen können. *Don Quijotes Kampf gegen die Windmühlen war eine Selbsttäuschung: aber als Erinnerung daran, daß unser Dasein nicht realistisch ist, beschämt er die Müller der Welt* (Adolf Muschg). Im übrigen wurde Don Quijote nicht nur durch das Lesen illusionärer Ritterromane um den Verstand gebracht, sondern durch einen Übersetzungsfehler Ludwig Tiecks auch um seinen richtigen Beinamen: Der Ritter von der traurigen Gestalt ist eigentlich einer *de la Trista Figura*, und das heißt vom *traurigen Gesicht.*

Buch – Schub steht in Michel Leiris' »Glossaire, die Glasrose« (1926, dt. 1984), das mit imaginativen und assoziativen Verschiebungen in Tiefenschichten der Sprache einzudringen versucht. Leiris bricht die Wörter auf und legt mit poetischen Lautmalereien und Um-Schreibungen in ihnen abgelagerte Schichten und Ebenen frei. *Buch – Schub* meint das Ideal einer geglückten Begegnung zwischen Leser und Buch, die einen inneren *Schub* auslösen kann. Der Begriff Lesen kommt im »Glossaire« leider nicht vor, dafür *Literatur – Aura des Urteils; Teller voll Ratten* oder *Grammatik – Tangramkitt.*

Wie wichtig, wie nützlich und welches Glück Lesen sein kann, ist oft genug behauptet und auch bewiesen worden. Vielleicht zu oft. Denn zuweilen klingt es so missionarisch, daß man meint, ein Erleuchteter spräche zu lauter Heiden. Ich halte es trotzdem für richtig, schreibt die deutsche Autorin Hanna Johansen im Sammelband »Bücher, nur Bücher«. Hommagen an das Lesen haben häufig eine gewisse Neigung zum Pathos. Trotzdem sind sie oft einfach schön zu lesen, wohl auch, weil ihnen anzumerken ist, dass sie »wahr« sind und aufrichtig gemeint. »Das Buch als Eingang zur Welt«, übertitelte Stefan Zweig einen Essay im »Pester Lloyd« vom 15. August 1931. Wie das Rad die Schwerkraft des Raumes, so Zweig, überwinde die Schrift *die tragische Erlebnis- und Erfahrungsbegrenztheit der irdischen Einzelseele: durch das Buch ist keiner mehr ganz mit sich allein in sein eigenes Blickfeld eingemauert, sondern kann teilhaft werden alles gegenwärtigen und gewesenen Geschehens, des ganzen Denkens und Fühlens der ganzen Menschheit.* Und das nennt Zweig die *weltaufbauende Gewalt des Buches in unserem privaten und persönlichen Leben*, die kaum je bewusst werde, weil Buch und Lesen selbstverständliche Bestandteile unseres Alltags sind.

Robert Walser bezeichnet das Buch in seinem »Mikrogramm« Nr. 30 (1927) als *ausgezeichnetes Vergnügungs- und darum Verjüngungsmittel*, und das schönste ist für ihn jeweils *dasjenige, das mich aus der Welt, worin ich als Körper lebe, herauszieht, um mich im Geist, mit der Seele ganz und gar in der Welt leben und atmen zu lassen, die das Buch entstehen lässt, das mich ja dann auch hauptsächlich darum interessiert, weil es eine Welt für sich ist.* Lesend betreten wir fortwährend neue Welten, werden mit Problemstellungen konfrontiert, die uns eingefahrene Lebens- und Wahrnehmungsmuster überdenken lassen. Spielerisch spinnen wir ausgelegte Fäden weiter, suchen nach Brücken über logische Sprünge und Fragwürdigkeiten im Text, werden sensibel für Konflikte und menschliche Eigenheiten, stellen uns blitzartig komplizierte Raumskizzen und Figurenbilder vor, die wir mit jeder neuen Information, die uns der Autor gibt, möglicherweise wieder revidieren müssen. Lesen schafft Bewegungsfreiheit für die Phantasie, schärft das Gehör für Zwischentöne und fördert Offenheit für unorthodoxe Gedanken und Problemlösungen.

Lesespiele, so Amos Oz, *sind mal Versteckspiel, mal Fangen, manchmal auch Schach. Oder Poker. Oder ein Kreuzworträtsel. Oder Schabernack. Oder eine Einladung ins Labyrinth. Oder eine Aufforderung zum Tanz. Oder ein schelmisches Werben, das verspricht und auf die Folter spannt, verspricht und zum Narren hält, verspricht und überraschend erfüllt, etwas erfüllt, das nicht versprochen war, oder nur vermeintlich etwas verspricht.* Bücher bilden einen Gegenpol zur Welt, sie können Ventil und Katalysator sein. Sie erbauen uns Welten und sind Spielfelder, auf denen Umgangsformen, Werthaltungen und Einstellungen zum Leben ebenso geübt werden können wie ein freierer Blick auf die Sprache und ihre Möglichkeiten. Ihnen ist einfach alles erlaubt, im Buch kann alles passieren. Noch dem abgebrühtesten Vielleser wird immer wieder etwas begegnen, das ihn überrascht. Darum wird er weiterlesen, und auch weil er nicht anders kann. Eckhard Henscheid geht in seiner Parodie »Mein letzter, aber auch garantiert allerletzter Aphorismus« (1985) davon aus, dass das Viellesen dazu dient, dass man nicht mehr so viel lesen muss, weil man dank langjähriger Schulung schon vorab weiß, was nicht lohnt, gelesen zu werden. Doch er kommt nach einer Reihe diskursiver *Argumentationssprünge*, gleichsam vor der *Übermacht* der Bücher kapitulierend, ganz woanders an:

Ein Buch ist wie ein Buch mit sieben Siegeln.
Mit anderen Worten: wie der Turmbau von Babel – mene tekel.
Amen. Oder?
Der Nieswurz Nießnutz
Das andauernde Lesen von denene Bicha

Im zweiten Band ihrer Essaysammlung »Der gemeine Leser« (1932, dt. 1989) entwirft Virginia Woolf eine buchkulturelle Vision vom Tag des Jüngsten Gerichts: Alle werden da kommen, die großen Eroberer, Rechtsgelehrten und Staatsmänner, *ihren Lohn zu empfangen – ihre Kronen, ihren Lorbeer, ihre Namen unauslöschlich gemeißelt in unvergänglichen Marmor*, und alles wird reibungslos funktionieren. Aber wenn dann die namenlosen Leser aufmarschieren, da werde *der Allmächtige sich zu Petrus wenden und werde sagen, nicht ohne einen gewissen Neid, wenn er uns mit unseren Büchern unter dem Arm kommen sieht, ›Sieh, diese brauchen keinen Lohn. Wir haben ihnen hier nichts zu geben. Sie haben das Lesen geliebt‹*. Am Jüngsten Tag wird das »Buch des Lebens« geöffnet, in dem der Herr die Gerechten anschreibt und aus dem er die Sünder tilgt. Die Namen der Leser haben darin ihren festen Platz und sind sozusagen mit einem Stern versehen. Wer nicht verzeichnet ist, heißt es in der Offenbarung des Johannes, wird in den ewigen Feuersee geworfen. Lesern aber eröffnet sich das Paradies schon im Diesseits, und *es wird im Jenseits keiner nach der Zahl der Bücher gefragt, die er bewältigt hat* (Hermann Hesse).

Für meine Seele kommt Besuch: / Ein schönes, wohlgewachsnes Buch. // Zur Lampe trag ich's sorglich hin. / Vielleicht steckt auch ein Mensch darin? So beginnt Franz Karl Ginzkeys Gedicht *Das Buch*. Das klingt vielleicht ein wenig antiquiert, aber das Bild vom Menschen, der im Buch steckt, ist wie Leiris' *Schuh* eine Metapher für das intensive, das Leben bereichernde Leseerlebnis, das Ginzkey in den folgenden sieben Versen beschreibt, um dann zu enden: *Mit wunschgestillter Seele Dank / Führ ich den neuen Freund zum Schrank. // Dort ruht mir Freund an Freund gereiht, / Wer spricht da noch von Einsamkeit.* In diesen Schlusszeilen verbirgt sich eine zentrale Motivation für viele der literarischen Lobeshymnen auf das Buch als Freund. Es ist die notwendige Einsamkeit des Lesers zumindest im Moment des Lesens, in dem das Buch realiter die Rolle des Gesprächspartners einnimmt. *Beim Lesen*, so Marcel Proust in seinem Essay »Tage des Lesens« (1905), *wird die Freundschaft plötzlich wieder zu ihrer ursprünglichen Reinheit zurückgeführt. Mit Büchern gibt es keine Liebenswürdigkeiten. Wenn wir den Abend mit diesen Freunden verbringen, so deshalb, weil wir wirklich Lust dazu haben. Bei ihnen wenigstens tut es uns of leid, sie verlassen zu müssen.*

Wie das Leben mit Haustieren führt das mit Büchern zu einem Naheverhältnis, das anthropologisierende Bilder auf den Plan ruft. Das drückt sich auch im Fachjargon der Buchwelt aus: Das Buch hat Körper, Rücken und Kopf. Der Mensch als Buch oder das Buch als Mensch, das sind eben so alte Metaphern aus den frühesten jüdisch-christlichen Kulturen wie die Vorstellung von der Welt als Buch. In der Antike ist die Schriftrolle Zeichen der irdischen Macht: Wie das Gesetz, das er diktiert, liegt auch die Schriftrolle in der Hand des Herrschers. Kein Gott der mediterranen Antike hat ein Buch oder eine Schriftrolle in der Hand. Im Alten Testament wird es Metapher für das Schicksal, den Appell und das Schuldregister, und alle drei sind göttlichen Ursprungs. Für Augustinus hat Gott zwei Bücher geschrieben: das Buch der Schöpfung – das gern auf dem Lesepult der Eremiten liegt – und das Buch der Erlösung. Paracelsus interpretierte die Natur als Sammlung von Büchern, die Gott geschrieben und an die Kette seiner Buchpulte gehängt hat. Libri catenati – an Bücherregalen mit tischhohen Arbeitsflächen angekettete Bücher – waren in mittelalterlichen Klosterbibliotheken üblich: Bei Bedarf wurden die Folianten herausgezogen und stehend eingesehen.

Als ein geschätzter, kultivierter und eleganter Freund mir sein neues Buch übersandte, gesteht Walter Benjamin, *überraschte ich mich dabei, wie ich, im Begriff es zu öffnen, meine Krawatte zurecht rückte*. Das ist eine Geste des Willkomms und der Achtung dem Buch gegenüber, aber natürlich auch gegenüber dem *geschätzten, kultivierten und eleganten Freund*, der nicht nur viel Zeit und Energie für sein Buch aufgewendet, sondern wohl auch Teile seiner Persönlichkeit hineingeschrieben hat. Für Elias Canetti ist der Mensch das eigentliche Buch, das es zu lesen gilt, ein Gedanke, den Michael Springer in seinem Psychotherapeuten-Roman »Leben sie wohl« (1999) weiter spinnt: *So bin ich so weit gekommen, die Menschen als wandelnde Biographien zu sehen und die Mietshäuser der Großstädte als Buchregale, in denen die lebenden Bücher geschlichtet liegen*. Ist der Mensch ein Buch, so der besonders gelehrte eine ganze Bibliothek – wie Dr. Sonne, den Elias Canetti im dritten Band seiner Autobiographie »Das Augenspiel« (1985) auftreten lässt. Karl Kraus soll das umfassende Wissen des Universalgelehrten Friedrich Eckstein einmal mit einer Art Inversion dieses Vergleichs umschrieben haben: Des Nachts steige der große Brockhaus aus den Regalen herunter, um in Eckstein etwas nachzuschlagen.

Wird der Mensch als Buch imaginiert, ist auch bei ihm mit Druckfehlern zu rechnen. Der Druckfehler *ist nicht von guten Eltern: der Zufall hat ihn mit der Intelligenz gezeugt. Aber manchmal kann er sich sehen lassen*, meinte Karl Kraus, der sich meisterlich darauf verstand, Druckfehler als Freud'schen Versprecher zu lesen und den unfreiwillig verborgenen Sinn dahinter bloßzulegen. *Wahr ist es endlich, daß Autoren ihre kühnsten Gedanken, die außerordentlichsten Wendungen oft ihren gütigen Setzern verdanken, die dem Aufschwunge der Ideen nachhelfen durch sogenannte Druckfehler*, schrieb schon E. T. A. Hoffmann in der Vorrede zu seinen »Lebens-Ansichten des Katers Murr« (1820/21). Egon Friedell berichtet von konkreten Beispielen, etwa wie sich der Satz *Der Mensch ist ein ewiger Gottsucher* durch *Manipulation* des Setzers in die These *Der Mensch ist ein ewiger Goldsucher* verwandelte. *Dieser Druck-*

fehler war wirklich und wahrhaftig vom Teufel, und zwar von jenem Teufel, der nicht bloß das Gedruckte regiert, sondern auch das Geschriebene, und nicht bloß das Geschriebene, sondern auch die Gehirne derer, die es schreiben, und nicht bloß die Gehirne, sondern auch die Seelen, und nicht bloß die Seelen, sondern die ganze Welt. Kurzum: das Tragische dieses Druckfehlers bestand darin, daß er keiner war.

Diese Ambivalenz und unterbewusste Produktivität ist mitzudenken, wenn der Maler Strauch in Thomas Bernhards Roman »Frost« (1963) sich selbst so beschreibt: *Sie können sich vorstellen, wie das ist, wenn man sich selbst aufschlägt wie ein Buch und lauter Druckfehler darin entdecken muß, einen nach dem andern, auf jeder Seite wimmelt es von Druckfehlern! Und alles ist trotz dieser vielen hundert und tausend Druckfehler* meisterhaft*! Es handelt sich um eine Aneinanderreihung von* Meisterstücken*!* (Maler Straub wäre hier ein hübscher Druckfehler gewesen, den aber Lektor Wolfgang Straub verhindert hat.)

Der Vergleich Mensch und Buch, der dem Buch Leben zuspricht und es beseelt, ist häufig über das Bild vom Einband als Kleid vermittelt. Von Christian Morgenstern stammt eine verspielt-doppeldeutige Variation auf diese radikale und nicht ungefährliche Symbiose von Buch und Leser. Sie soll auch dafür stehen, dass es in den folgenden Kapiteln so ernst nicht zugehen wird.

Der eingebundene Korf

Korf läßt sich in einen Folianten einbinden,
um selben immer bei sich zu tragen;
die Rücken liegen gemeinsam hinten,
doch vorn ist das Buch auseinandergeschlagen.
So daß er, gleichsam flügelbelastet,
mit hinter den Armen flatternden Seiten
hinwandelt, oder zu anderen Zeiten
in seinen Flügeln blätternd rastet.

Tafelfreuden für Leser

Immer noch, wenn ich denke: ›Genuß‹, heißt das ›Lesen‹ Peter Handke

An manchen Büchern muß man naschen, andre wollen verschlungen sein, wieder andere gründlich gekaut und verdaut (Francis Bacon); *Ein anregendes Buch – eine Appetit reizende Speise* (Marie von Ebner-Eschenbach); Bibliotheken sind *geistige Speisekammern* (Gerhard Roth); *In Bücher gehen wir hinein / wie in Gasthäuser / hungrig durstig / ausgehungert* (Thomas Bernhard). Das sind Fortschreibungen einer der ältesten Metaphern für das Lesen: Das Buch als geistige Nahrung und wohlschmeckende Speise, die genossen und entsprechend verdaut sein will. Sie schreibt sich von einer Vision des Propheten Hesekiel her und von der Offenbarung des Johannes. Hier hält der siebente Engel, der vom Himmel herabkommt und *wie ein Löwe brüllt*, in seiner Hand ein *Büchlein, das war aufgetan*, und eine Stimme befiehlt dem Johannes:

Gehe hin, nimm das offene Büchlein von der Hand des Engels, der auf dem Meer und auf der Erde steht! Und ich ging hin zu dem Engel und sprach zu ihm: Gib mir das Büchlein! Und er sprach zu mir: Nimm hin und versching's! und es wird dich im Bauch grimmen; aber in deinem Mund wird's süß sein wie Honig. Und ich nahm das Büchlein von der Hand des Engels und verschlang's, und es war süß in meinem Munde wie Honig; und da ich's gegessen hatte, grimmte mich's im Bauch (Off. d. Joh. 10,8-10).

Das sind die beiden zentralen Elemente der Speise-Metaphorik: das Versprechen verborgener Geheimnisse, deren Genuss Wohlbehagen bereitet (süß wie Honig), aber auch produktive Beunruhigung auslöst (Bauchgrimmen). Mit der Ausbreitung des Lesens drang die gastronomische Metaphorik Ende des 17. Jahrhunderts in die Alltagssprache ein. Seither sind Ess- und Lesekultur im Denken und Sprechen über das Buch eng verwoben. Das Bild von der Inkorporation des (göttlichen) Wissens profanierte im Lauf der Zeit und verband sich oft besonders nachhaltig mit Warnungen vor dem *Bauchgrimmen* als Folge zivilisationsbedingter Essstörungen. *Schluckt man mehr, als man verdauen kann, dann geht es dem Geist wie dem Magen: Überfülle schadet mehr als Hunger, und wie der Genuß von Speisen so ist der von Büchern je nach Beschaffenheit des Genießenden einzuschränken*, warnt schon Francesco Petrarca und spricht damit das Konzept einer gezielten Lesediätetik an, das im Lauf der Jahrhunderte immer wieder in handfester Reglementierung mündet.

Aggressionen gegen das Lesen haben eine lange Tradition. Sah Platon in der Schriftkultur generell die Gefahr geistiger Verarmung, ging es in der Reformation um den Machterhalt der kirchlichen Doktrin. Besonders intensiv wurde die Lesesuchtdebatte Ende des 18. Jahrhunderts mit der Ausbreitung der Lesefähigkeit und dem Aufkommen revolutionärer Strömungen. Unkontrollierter Erwerb von Lese- und Schreibkompetenz in den unteren Schichten erhöht die politische Gefahr ihrer verstärkten Organisationsfähigkeit, kollektiv wie individuell. Wer Bücher liest, dem bereitet es auch keine Schwierigkeiten, politische Flugschriften und Pamphlete zu lesen oder gar zu verfassen. Totalitäre Regime wissen, weshalb sie das Lesen fürchten.

Explizit wird im Kampf gegen die ›Lesewut‹ allerdings mehr mit der Gefahr moralisch bedenklicher Lektüre argumentiert. Sie steht auch im Zentrum von Oscar Wildes 1891 erschienenem Dekadenzroman »Das Bildnis des Dorian Gray«. Als Dorians Blick auf *das gelbe Buch* fällt, das ihm Lord Henry geschickt hat, ist es um den jungen Mann geschehen. *Es enthielt Metaphern, so monströs wie Orchideen und ebenso raffiniert in den Farben. Das Leben der Sinne war mit den Begriffen der mystischen Philosophie umschrieben. Zuweilen vermochte man kaum zu sagen, ob man die geistigen Ekstasen eines mittelalterlichen*

Heiligen oder die morbiden Bekenntnisse eines modernen Sünders las. Es war ein Buch, das Gift ausströmte. Oscar Wilde inszeniert das Corpus delicti – es handelt sich um Joris-Karl Huysmans »A rebours« (1884, dt. 1905) – schon von seiner äußeren Gestalt her als Inbegriff moralischer Verwerflichkeit: Das Buch ist von grellgelber Farbe – dem Markenzeichen der Schundliteratur – *mit leicht abgegriffenem Einband und schmutzigem Schnitt.* Noch in der Schlusspassage führt Wilde das ausschweifende, von moralischen Bedenken nicht angekränkelte Leben seines Romanhelden explizit auf die Lektüre dieses Buches zurück: *Und doch haben Sie mich einst mit einem Buch vergiftet. Das sollte ich Ihnen nicht verzeihen*, so fasst Dorian seinem geistigen Mentor Lord Henry gegenüber sein Leben zusammen.

Besonders häufig umfasst die Rolle des Buches als Verführer zu subversivem Verhalten den Bereich sozial verbotener Liebe. Vorsicht, gemeinsame Lektüre kann zum Ehebruch führen! Als paradigmatischen Fall erzählt Dante in der »Göttlichen Komödie« (1307–1321) das Schicksal von Paolo und Francesca da Rimini im *Canto quinto* des *Inferno*. Der abschließende Schlüsselsatz der Episode – *An diesem Tage lasen wir nicht weiter ...* – ist in der Weltliteratur bis heute an Klarheit und Kürze unübertroffen. Für Goethes Werther geht die Begeisterung für die pathetischen Gesänge des Ossian, die er mit Lotte innig teilt, ebenso wenig gut aus wie die fortgesetzte Romanlektüre für Flauberts »Madame Bovary«. Was Goethe übrigens noch nicht wusste: Die Gesänge des schottisch-gälischen Barden Ossian, die James Macpherson ab 1760 herausgab, waren nur teilweise Übersetzungen bzw. freie Nachdichtungen, zu einem großen Teil einfach Fälschungen. Sie haben Goethe trotzdem so gut gefallen, dass er lange Passagen daraus in eigener Übersetzung in seinen 1774 anonym erschienenen Roman »Die Leiden des jungen Werther« einbaut. Erst durch die gemeinsame Ossian-Lektüre wird sich auch Lotte ihrer Liebe bewusst – das hat die einträchtige Erinnerung an Klopstock-Verse vorher nicht geschafft – und das Verhängnis nimmt seinen Lauf. Ausgerechnet mit der Pistole ihres Gatten wird sich Werther am folgenden Abend entleiben. Auf seinem Schreibtisch liegt ein aufgeschlagenes Exemplar von Lessings »Emilia Galotti«. Das weist dem heroischen Opfertod Emilias genau jene suizidfördernde Wirkung zu, die in der Folge als Vorwurf gegen Goethe und das von seinem Buch ausgelöste Wertherfieber erhoben wurde.

Diese Buch-im-Buch-Ketten funktionieren wie eine russische Puppe: Ossian gelesen von Goethes Werther, gelesen von Karl Philipp Moritz' »Anton Reiser«, von Gottfried Kellers »Grünem Heinrich« oder in unserer Zeit von Ulrich Plenzdorfs »jungen Werther«. Eine besondere Variante liegt vor, wenn das Buch im Buch sich für die Figuren als zufällig aufgefundenes Lebensbuch entpuppt, das ihr Schicksal vorwegnimmt oder doppelt und solcher Art die Grenze zwischen Buch und (Figuren)Leben transzendiert. Das Spiel mit dem *Buch im Spiegel des Buchs* ist vielfach unternommen worden, von Novalis' »Heinrich von Ofterdingen« über Hermann Hesses »Steppenwolf« bis zu Michael Endes »Die unendliche Geschichte«. Christiaan L. Hart Nibbrig hat in seinem Band »Spiegelschrift« Beispiele dieser Art der Reflexivität zusammengetragen, in der sich die Grenze zwischen Realität und Fiktion verwischt. Wenn in den »Geschichten aus Tausendundeiner Nacht« der König in der sechshundertzweiten Nacht aus dem Mund der Königin seine eigene Geschichte erfährt, die Anfangsgeschichte, die alle anderen umfasst und auch sich selbst, eröffnet sich eine beunruhigende Endlosschleife. Ähnlich verstörend ist es, wenn Hamlet Zuschauer des »Hamlet« ist, oder Don Quijote im zweiten Teil des Buches mit den Lesern seiner Abenteuer zusammentrifft, von denen er *Nachrichten über sich selbst* zu erfahren hofft. Für Jorge Luis Borges liegt das Beunruhigende dieser Inversionen darin, dass sie suggerieren, *wenn die Personen einer Fiktion Leser oder Zuschauer sein können, wir, ihre Leser oder Zuschauer, fiktive Personen sein können.*

Nicht nur aber auch wegen solcher Grenzen und Sicherheiten in Frage stellenden Qualitäten von Literatur schwebt über gedankenversunkenen Lesern das Stigma der Pflichtvergessenheit, ein schwerer Makel im sich formierenden kapitalistischen Arbeitsprozess. Das Argument der Geld- und Zeitverschwendung ist in der Lesesucht-Diskussion ab 1760 omnipräsent. Dem begegneten die zahlreichen Lesepropädeutiken mit Anleitungen, die Ordnung und Disziplin ins Lesen bringen sollten. Dabei spielen sowohl Konzepte der Bildungslektüre eine Rolle – die komplexer werdenden Wirtschaftsprozesse benötigten eine größere Zahl besser ausgebildeter Arbeitskräfte – als auch der Kampf der industriellen Produktionsweise um ein effizienteres Zeitmanagement. Arbeitspausen mit ›guter‹ Lektüre zu füllen, konditioniert für die Lückenlosigkeit in der Nutzung der (Arbeits)-Zeit. Hauptadressat der Lesesucht-Vorwürfe sind allerdings die Frauen. Regelmäßige Lektüre setzt nicht nur Flausen in den Kopf, sie geht auf Kosten der Hausarbeit und führt zur Vernachlässigung der Aufsichtspflicht von Dienstboten, Müttern oder Tanten. In einer Vielzahl von Karikaturen wird dieses Vergehen wie in Goethes »Wahlverwandtschaften« mit ertrunkenen Kindern besonders tragisch geahndet.

Abgesehen von diesen sozial indizierten Feldzügen gegen das Lesen sind seit Platon auch die intellektuell argumentierenden Einwände in Richtung desorientierende Übersättigung durch Überkonsum nie verstummt. *Leute, die sehr viel gelesen haben, machen selten große Entdeckungen*, schrieb der Vielleser Georg Christoph Lichtenberg, denn *Lesen heißt mit einem fremden Kopfe statt des eigenen denken* (Arthur Schopenhauer). Bei einigermaßen unverkrampftem Umgang kann man wohl auf die natürliche Selbstregulierung des Organismus vertrauen. Was einem – im Moment – nicht schmeckt, muss man auch nicht lesen, und umgekehrt. Und vor zu starkem Völlegefühl schützt in der Regel das schlechte Gedächtnis. Auch Lichtenberg sah darin durchaus etwas Heilsames: *Ich vergesse das meiste, was ich gelesen habe, so wie das, was ich gegessen habe; ich weiß aber soviel: beides trägt nichtsdestoweniger zur Erhaltung meines Geistes und meines Leibes bei.* Wichtig dabei, so Alfred Polgar, ist nur abwechslungsreiche Ernährung:

Gebildete Menschen haben eine Bibliothek. Sie haben Kasten und Schränke voll geistiger Nahrung, Schweres und Leichtes, Süßes und Saures, Hausbrot und Delikatessen. Der Gebildete ist in dieser Beziehung ein Vielfraß und hamstert, hamstert mehr, als er je verschlingen kann. Durch die literarische Küche aller Nationen und aller Zeiten schmatzt er sich durch; er würde an dem vielen Zeug, das er zu sich nimmt, ersticken, wäre nicht das Vergessen, dieser segensvolle Schlußeffekt aller Hirnperistaltik. Gebildete, die an Obstipation leiden, nennt man Gelehrte.

Die beiden Grazer Künstlerinnen Veronika Dreier und Erika Thümmel haben 1990 die Speise-Metaphorik in ihrem Kunstprojekt »Hunger Macht Verdauung« bearbeitet. Sie produzierten Buchobjekte aus Brot, Aspik, Oblaten, Speck oder Kümmel. Diese zum Verzehr einladenden Bücher thematisieren die *Einverleibung von Bildungsinhalten*; der Akzent auf den zweiten Pol des Verhältnisses Buch–Speise problematisiert auch die Vorstellung, Bücher enthielten die Wahrheit, oder doch den Anspruch darauf.

Wie das festliche Mahl ist auch Lesen ein sinnliches Vergnügen, das durch raffinierte Tischkultur verfeinert werden kann. Der Duft der Speisen gehört ebenso dazu wie die optische Inszenierung; ein angenehmes Ambiente, vielleicht mit dezenter akustischer Untermalung und Geschirr und Bestecke aus edlen Materialien, die den Tastsinn erfreuen. Gourmets wissen um die Bedeutung des alle Sinne ansprechenden Arrangements, leidenschaftliche Leser auch. Es gibt viele Parallelen in der Haltung zur Speise und der zum Buch, auch was die Geschwindigkeit betrifft. Zahlreich sind die Aufrufe zu genießender Bedächtigkeit beim Essen wie beim Lesen: *Lies / Langsam, allzuschnell / Wird der ungelesene Teil dir dünn!* heißt es in Bertolt Brechts Gedicht *O Lust des Beginnens*. Entgegen den Trainingsangeboten, die ein effizienteres, schnelleres Lesen lehren, fordert Amos Oz daher Kurse für langsames Lesen: *Das Lesevergnügen will, wie andere Vergnügen auch, gewissermaßen in kleinen*

Schlucken und ohne Hast genossen werden. Ein unermüdlicher Verfechter der langsamen Lektüre ist auch Peter Handke: *Die besten sind jene Bücher, die einen immer wieder dazu bringen, innezuhalten, aufzuschauen, in die Gegend zu schauen, tief einzuatmen, sich von der Sonne bescheinen zu lassen – auch wenn diese gar nicht scheint (das einzige, was ich jemandem wie Simenon ›vorwerfe‹: daß ich ihn zu schnell lese).*

Die Debatten über die unterschiedlichen Konzepte des Leseverhaltens sind alt, und im Leserleben herrscht in der Regel friedliche Koexistenz zwischen Nützlichkeits- und Genusslektüre. Natürlich lässt ein von Hektik, Nüchternheit und Lärm geprägter Alltag leisere Formen des Genusses wie das Lesen leicht ins Hintertreffen geraten, produziert aber andererseits auch entsprechende Sehnsüchte, die den Boden bereiten können für ein Comeback. Ein Indiz in Richtung Rückbesinnung auf die Qualität des Buches als sinnliches Genussmittel ist die neue Koalitionsform, in der sich Buch und Wein seit geraumer Zeit üben. Die gediegene Buchhandlung verbindet sich mit der wohlsortierten Vinothek, und sie passen gut zusammen: Auf Büchern wie Weinflaschen hat Staub etwas Edles. Ungezwungen entsteht so eine Allianz zwischen zwei geistigen Genüssen, die sich gegenseitig mit einem Flair des Erlesenen umgeben. Man kann beide verkosten, über ihre Qualität disputieren und zur späteren Delektierung käuflich erwerben. Und bei beiden dominieren Wiederholungstäter mit latenten Suchtproblemen; die Stammkundschaft ist die Säule der Wein- wie der Buchhandlung. *Nein, ich nehme keine Drogen, ich nehme Bücher zu mir, Präferenzen habe ich freilich auch, viele Bücher bekommen mir nicht, einige nehme ich nur am Vormittag ein, andere nur in der Nacht* – so beginnt in Ingeborg Bachmanns Roman »Malina« (1971) das atemlose ›Geständnis‹ einer Suchtleserin. Am ›Rauschmittel‹ Buch, so Joseph von Westphalen mit Blick auf die Krise des Buchhandels, kann man allerdings auch ablesen, *was mit Drogen passiert, wenn man sie freigibt. […] Die Dealer klagen, sie bleiben immer häufiger auf ihrer exquisiten Ware sitzen.*

Die Zubereitung – Ein Exkurs

Außerhalb von Antiquariaten [ist] an ein halbwegs dezentes, textadäquates Design kaum noch heranzukommen.

Ulrich Holbein

Dem Informationsleser von heute ist das Buch primär nützlicher Gebrauchsgegenstand, dessen Lebensdauer von der – zumeist kurzlebigen – Aktualität seines Inhalts bestimmt wird. Rasch vernutzte, dafür billige Verschleißformen sind seine durchaus adäquate äußere Erscheinungsform. Ein *Buch ohne Bund* ist schon lange nicht mehr mit einem *Menschen ohne Kleid* (Abraham à Sancta Clara) zu vergleichen. Da jeder Trend in sich den Keim zu seinem Gegenteil birgt, wird der Kreis der Bibliophilen, die das Buch auch als ästhetisches Objekt sehen, in absehbarer Zeit dennoch nicht aussterben. Dem Buchliebhaber gilt das Buch als Gesamtkunstwerk, das schon mit seiner äußeren Beschaffenheit Genuss bereiten kann, für den er zu kämpfen bereit ist. Otto Julius Bierbaum klagte bereits 1887 in der »Zeitschrift für Bücherfreunde«, dass *vieles in Vergessenheit geraten [ist], was ehedem selbstverständlich war*, und fordert eine Rückbesinnung auf den Zusammenklang von Ausstattung und Gehalt eines Buches. Text und Schmuck müssen ebenso zu einander passen wie der Charakter der Illustrationen zu Schrift und Seitenaufbau. Selbst buchkünstlerisch engagierte Verlage haben hier mittlerweile einiges an Treffsicherheit eingebüßt. Wenn Hans Magnus Enzensbergers »Andere Bibliothek«, die etwas verloren in der Spaßkultur-Programmsuppe des Eichborn Verlages herumschwimmt, 1998 Michel de Montaignes leichtfüßige Gedankenspaziergänge als feudale Familienbibel präsentiert, mit Ornamentik in Gold außen und Himmelblau innen und dem programmatischen Untertitel »Erste *moderne* Gesamtübersetzung« in geprägten Goldlettern, scheint der Elementarsatz der Buchkunst vergessen, dass Ausstattung und Gehalt einander entsprechen sollen.

Wem eine intuitive Haltung hier ebenso wenig genügt wie das rudimentäre Wissen, das sich diesbezüglich im Laufe eines Lese-lebens zufällig und unsystematisch anlagert, dem sei der Reprint von Douglas Bennett Cockerells (1870–1945) zuerst 1901 erschienenem Grundlagenwerk »Der Bucheinband und die Pflege des Buches« (Originaltitel: »Bookbinding and the Care of Book«) empfohlen. Cockerell war Schüler von Thomas James Cobden-Sanderson, der mit seiner (auf Anregung von William Morris) 1900 gegründeten Doves-Press neue Maßstäbe für die Kunst der Buchherstellung setzte. Cobden-Sandersons Ideal war das Buch als Einheit von Papier, Satz, Druck und Einband. Er fertigte alle seine Werkzeuge selbst, von den Prägestempeln bis zu einer eigenen Schrift, die er 1916 bei Beendigung seiner Tätigkeit in der Themse versenkte.

Schritt für Schritt wird in Cockerells nüchternem Fachbuch der Entstehungsprozess des Buches nachvollziehbar, von den lose gestapelten Druckbögen bis zum gebundenen Buch mit (Gold)-Prägung, Farbschnitt, Kapitalband, versenkten oder sichtbaren Rückenbünden und eingeschnittenen Vorsatzpapieren. Die vielen Arbeitsschritte erfordern je eigene handwerkliche Fähigkeiten, über die selbst passionierte Buchliebhaber selten genauer informiert sind. Hand aufs Herz, wissen Sie wie Vorsatzblätter eingepasst werden müssen, damit sie der Spannung beim Öffnen des Buches willig folgen? Wie der Buchrücken seine runde Form erhält? Wie der Deckel mit dem gehefteten Buchblock idealiter verbunden wird? Wie viele Arbeitsgänge noch notwendig sind, bevor das Leder übergezogen werden kann und weshalb die Deckel dabei unbedingt doppelt unterfüttert sein müssen? Wie eine Bündezange aussieht oder ein Glättzahn und wofür man ihn verwendet? Und weshalb Bauchfellleder sich generell weniger eignet und mit Vitriol- oder Schwefelsäurebeigaben gegerbtes Leder für einen Bucheinband überhaupt unbrauchbar ist? Die detaillierte Auflistung der Zurichtungen und Beigaben für die Verzierungen des Einbandes und das Vergolden von Buchschnitt und Blindprägungen nehmen sich für den Leser von heute fast wie alchimistische Rezepturen aus. Und dass man den *Teiggummi*, mit dem das überschüssige Blattgold aufgetupft wird, nach einiger Zeit an den Goldschläger verkaufen kann, der das Gold ausschmilzt, zeigt die Kostbarkeit des Werkstoffes und das dichte Ineinander der handwerklichen Berufe, das Cockerell allerdings keineswegs reibungsfrei schildert. Die Interessen von Buchdruckern, Gerbern, Goldschlägern, Papiermachern und Stempelschneidern sind mit denen des Buchbinders nicht immer deckungsgleich. Aber Cockerell ist nicht nur Handwerker, sondern Buchkünstler. Mit Verve kämpft er gegen Verflachung und Standardisierung, die er als Aushöhlung seines (Kunst)Handwerks sieht: also Handstempelbuchstaben statt Typen für die Rückenbeschriftung, einlinige Fileten statt serieller Koppelung mehrerer Linien in einer Prägewalze und von Hand genähte Kapitalbänder.

Cockerells Standardwerk aus der großen Zeit der englischen Buchkunst vermittelt eine Vorstellung vom Buch als (handwerklichem) Gesamtkunstwerk. Bleiben wird von der Lektüre ein geschärftes Auge für die produktionsästhetischen Details des Buches. Dass der Reprint selbst ein industriell gefertigtes Kapitalband verwendet und der nüchterne Pappprägeband das ursprüngliche Titelbild (nicht besonders gut reproduziert) ins Innere des Buches verbannt, ist zwar schade, aber aus Kostengründen durchaus verständlich. Immerhin sind die gehefteten Lagen und die Zahl der Bünde (bei der nicht ganz im Sinne Cockerells ausgeführten Verbindung Deckel–Vorsatz–Buchblock) schön sichtbar und bescheren damit auch die Freude, das angelesene Wissen gleich in der Praxis anzuwenden.

Um die Objekte seiner Buchkunst zu schützen, plädiert Cockerell für berufsmäßige *Voröffner* in den Bibliotheken, denn ein unsachgemäßes erstes Öffnen neu gebundener Bücher kann den Buchrücken bleibende Schäden zufügen. Ein gut gebundenes Buch erkennt man jedenfalls an zwei Eigenschaften: Es muss aufgeschlagen genauso liegen bleiben, wie man es hinlegt, und es muss im Regal stehen bleiben, wie man es hinstellt. *Diese beiden Tugenden zusammen besitzen moderne Bücher in wenigen Fällen*, klagte der Danziger Buchsammler Johannes Trojan schon 1893. Sie sind von vornherein *schwächlich und schmächtig gebaut*, werden schon vom ersten Leser *schief gelesen* und neigen dann unausweichlich zum Umfallen. Dabei *geraten sie anscheinend manchmal miteinander in Streit und poltern dann, übereinander stürzend, von dem Bord, auf dem sie standen hinunter, wie Leute, die in einem Wirtshaus Streit miteinander bekommen haben und sich plötzlich in fürchterlicher Unordnung aus der Tür und die Treppe hinunter auf die Straße stürzen.*

Untugenden und Tücken des Taschenbuchs hatte Johannes Trojan dabei wohl noch nicht im Blick. Doch auch wenn unser Lesealltag in der Regel nicht vom Umgang mit Buchpreziosen geprägt wird, sensibilisiert ein kleiner Einblick in das Hintergrundwissen der Buchherstellung auch für aktuelle buchästhetische Entwicklungen. Denn wie im wirklichen Leben brachte auch in der Buchwelt die Lockerung der *Kleidervorschriften* (Jean Paul) Freiheitsgrade ebenso wie Unsicherheiten und jede Menge neue Zwänge. Der zentrale Zwang der Buchwelt heute ist die Logik des Marktes. Das zeigt jeder Blick in Verlagsprospekte und Buchhandlungen. Das, was sich Saison für Saison in den Auslagen, auf den zentral platzierten Verkaufstischen und Kassenpulten stapelt und in den Trendmagazinen ziemlich weit hinten, im sogenannten Kulturteil, um die Listenplätze eins bis zehn rangelt, wird gemeinhin als Bestseller bezeichnet. Da ein Kennzeichen dieser Bestseller ist, sich in den Buchhandlungen zum Zugreifen einladend aufgetürmt zu stapeln, hießen sie branchenintern bis vor kurzem *Stapeltitel*, seit einiger Zeit etwas dezenter *Spitzentitel*. Damit das Stapeln in den räumlich oft beengten Buchhandlungen wirklich passiert, und die Buchhändler die dafür notwendige Anzahl von Exemplaren ordern, bieten die Verlage Stapelhilfen an: Pappständer, Pappboxen oder Displaysets für das Kassenpult, von unterschiedlichem, oft recht phantasievollem Design. Am Buchleib selbst hat sich die Durchökonomisierung des Buchgeschäfts vor allem den Einbänden eingeschrieben, die zu Reklameträgern degradiert wurden, was Theodor W. Adorno schon beim Besuch einer Buchmesse im Jahr 1963 beobachtete:

Bucheinbände sind, international, zur Reklame für das Buch geworden. [...] Das Buch macht sich an den Leser heran. [...] Insgesamt drängt sich auf, daß die Bücher sich dessen schämen, daß sie überhaupt noch welche sind und nicht Trickfilme oder von Neonlicht beschienene Schaufenster; daß sie die Spuren handwerklicher Produktion auslöschen wollen, um nur ja nicht anachronistisch auszusehen, sondern mit einer Zeit mitzurennen, von der sie insgeheim befürchten, daß sie für sie selber keine Zeit mehr hat.

Nicht nur inhaltlich, auch optisch hat die Konzentration im Verlagswesen ihre Spuren hinterlassen. Der Verlagsname verliert tendenziell seine Markenqualität, steht er doch oft nur mehr für ein vorübergehend beibehaltenes Label innerhalb eines Mutterkonzerns. Name wie Signet ziehen sich bescheiden in eine Ecke zurück. Und wenn sich die drei Fischer-Fischchen im bunten Kreis präsentieren, wirkt das wie eine Kapitulation vor der Button-Kultur des Leitmediums Internet. Orientierungshilfen werden fast gezielt verweigert. Kaum zu unterscheiden, ob ein Buch von Goldmann, Blessing, Nymphenburger, Luchterhand, Amalthea oder Limes ist – wozu auch, vier der genannten Verlage haben sowieso dieselbe Adresse und die anderen beiden teilen sich auch ein Haus. Sogar *Das schöne Insel Taschenbuch* ist nicht mehr nur schön pastellfarben mit dezentem Bildblock und klarem Schriftzug. Es gibt durchaus schon Insel Taschenbücher, die auch von Goldmann sein könnten. Der Trend heißt: laute Farben, poppige oder sentimentale Bilder, ganzseitig oder gnadenlos über den gesamten Buchkörper gezogen, der Buchtitel direkt über das Bild gelegt. Die Parallelität von Bild und Text entspricht unserer Gewöhnung an multimediale Reizüberlagerung. Klassiker von Thomas Mann bis Hugo von Hofmannsthal spielen in der Regel bei der Optimierung kurzfristiger Verkaufserfolge sowieso nicht mit und dürfen ihre ruhige Gediegenheit beibehalten. Sonst wird der Buchtitel gerne stimmig illustriert: Wo »Der Strom« draufsteht, ist auch prompt einer zu sehen. Graphisch haben sich eindeutig jene Verlage durchgesetzt, die immer schon ihre Nähe zum Heftroman bekenntnishaft zur Schau stellten. Die Cover-Gestaltung hat sich irgendwo zwischen Goldmann und Heyne nivelliert, und der Eindruck des Grellbunten bleibt auch beim unterlegten guten Bild. Wem die jüngste Verlagsübernahme entgangen ist, erhält oft durch den traurigen Coverniedergang Gewissheit: wieder ein selbstständiger Verlag weniger. Sehr schön zu beobachten zuletzt bei Rowohlt. Durchaus passend, wenn ein Rowohlt-Spitzentitel kurz darauf mit einem Becher Instant-Nudelsuppe beworben wurde.

Von den Bildwerten her dominieren stimmungsvolle Landschaften und der Trend zum guten Bild. Ein klassisches Gemälde, zumeist in ausschnitthafter Zerstückelung, putzt auch inhaltliche Dutzendware und verleiht allem einen Schimmer von kultureller Bedeutsamkeit. Leonardo, Botticelli – wie am Cover von Dietrich Schwanitz' Wissenskompilation »Bildung« – alles da. Zentral zeigt sich seit einigen Jahren das Bein, das Damenbein. Gar nicht primär erotisch aufgeladen, sondern mehr so das Alltagsbein, auf einem Stuhl stehend, an einer Straßenkreuzung wartend, in verdrehter x-Stellung, beschuht oder wie bei Juli Zeh unverhüllt aus dem Fenster baumelnd. Auch der Damenschuh als singuläres Objekt ist beliebt, ebenso das isolierte Frauenauge. Überhaupt gibt es eine Fülle von Frauengesichtern und Frauen-Halbfiguren – mit einer zunehmenden Tendenz zur Fragmentierung. Piper Boulevard brachte es in einem Buchherbst bei knapp zwanzig Belletristik-Neuerscheinungen auf über zehn Frauen-Covers. Auffällig auch, wie viele Autoren direkt in den Persönlichkeitswahlkampf geschickt werden. Selbst der Schutzumschlag als klappbares Autorenposter in »Bravo«-Manier ist einem mutigen Verlagsdesigner schon eingefallen. Den immer *frontaler anmachenden Signalpfiffen* sind Leser wie Buch aktuell hilflos ausgeliefert, schrieb Ulrich Holbaum in seinem Essay »Vom Umgang mit bunten Büchern« für die Buchmessenbeilage der »Neuen Zürcher Zeitung« 1991:

Weder ich noch Dostojewski konnten sich beim Ankauf von ›Schuld und Sühne‹ dagegen wehren, dass ich durch den knallroten und mit einem weissen Querstreifen versehenen Schutzumschlag visuell positiv beeinflusst werden sollte. Dieses Knallrot mochte zum Stichwort Schuld assoziativ eine legitime Querverbindung aufbauen; dass hingegen die gleichfalls in der Reihe Winkler-Weltliteratur erschienenen ›Brüder Karamasow‹ quittengelb sein mussten, obwohl es keinen inhaltlichen Chinabezug gab, blieb unentschuldbar und unterhöhlte fast meine Beziehung zu Dostojewski. […] Die tiefe Kluft zwischen Buchinhalt und Buchgestaltung wurde mir gegenüber immer tiefer, der Unterschied zwischen Geist und Materie immer grösser.

Besonders schreiend geht es in der Bestseller- wie Ratgeber-Ecke zu. Wo sich Konkurrenzprodukte dicht und wenig unterscheidbar tummeln, muss auf der Ebene der Verpackung mit deftigen Signalen gearbeitet werden. Ein Bekenntnis zu graphischer Verlagsidentität und besonnener Ästhetik findet man fast nur mehr im schmalen Segment der unabhängigen Verlage. Unverkennbar natürlich die drei kräftigen, keineswegs schrillen Wagenbach-Farben. Oder: Ein zarter Strichrahmen auf weißem Grund, ein ungerahmtes Bildfeld, Schriftblock mit Autor, Titel und Verlag – eindeutig Diogenes; und bei Jung und Jung sah man sofort: Das ist ein gutes altes Residenz-Buch.

Ästhetische Verlusterlebnisse geraten rasch in Vergessenheit und vielleicht wird es in absehbarer Zeit kaum mehr jemandem auffallen, wenn die letzten selbstständigen Verlage aufgeben – ökonomisch oder ästhetisch –, und außerhalb von Kunstpressendrucken nur mehr das Grelle und Schräge am Buchleib zu finden sein wird. *Wie viele Handlungen haben wir im Lauf der Jahrhunderte verlernt und verloren: wie man ein großes Buch in der Hand hält, z. B.* (Peter Handke). Tatsächlich sind wir im Umgang mit Foliobänden heute wenig trainiert, doch dieser Verlust ist durchaus auch mit einem Zugewinn verbunden. Handliche Buchformate erweitern die Bandbreite der möglichen Leseorte. Die gemütliche Lektüre im Bett, die so manches Sedativum ersetzen kann, ist mit Folianten schwer realisierbar. Ronald Weiß aus Franz Werfels Roman »Barbara oder die Frömmigkeit« (1929) – ein Porträt des rasenden Reporters Egon Erwin Kisch – hätte es heute mit seiner *neuen Schwarzkunst* allerdings schwer. *Er erriet bei verdecktem Titel, aus Einband, Druck, Papier eines Buches den Autor und den Verlag*, und er irrt sich nie.

Von der Sinnlichkeit des Lesens

Bücher sprechen ungelesen –
Seit ich gut mit Büchern stand
Weiß ich ihr geheimstes Wesen:
Welch ein Band knüpft manchen Band!
Karl Wolfskehl

Das Buch ist ein Text, aber es ist immer auch ein Gegenstand, und diese haptische, körperliche Dimension, die das Buch jeder Software voraushat, ist am Lesegenuss aktiv beteiligt. Die Gestalt des Buches nimmt nicht nur das Auge wahr, hier spielt auch der Tastsinn eine wesentliche Rolle. *Der Akt des Lesens stellt eine intime, körperliche Beziehung zum Buch her, an der alle Sinne teilhaben. […] Wenn meine Hände ein Buch aussuchen, um es ins Bett oder zum Lesetisch, in den Zug oder als Geschenk mitzunehmen, ist ihnen die Form genauso wichtig wie der Inhalt. […] Ich schließe vom Einband auf das Buch; ich beurteile ein Buch nach seinem Äußeren*, bekennt Alberto Manguel in seiner »Geschichte des Lesens«. Jakob Mendel in Stefan Zweigs Erzählung »Buchmendel« (1929) ist kein Leser im klassischen Sinn, aber ein manischer Buchliebhaber mit einem phänomenalen (Buch)Gedächtnis. Da er über keine nachweisbare Ausbildung verfügt, ist er beruflich auf das Dasein eines kleinen Buchhausierers verwiesen, der in einem Wiener Vorstadtcafé residiert. Bringt ihm jemand ein minderes Buch, sieht er kaum von seinen Katalogen auf. Ist es jedoch ein besonderes Exemplar, rückt er respektvoll zurück und legt ein Papierblatt unter, blättert *zärtlich-vorsichtig, mit einer ungeheuren Hochachtung* hinein.

Niemand konnte ihn in einer solchen Sekunde stören, so wenig wie einen wirklich Gläubigen im Gebet, und tatsächlich hatte dies Anschauen, Berühren, Beriechen und Abwägen, hatte jede dieser Einzelhandlungen etwas von dem Zeremoniell, von der kultisch geregelten Aufeinanderfolge eines religiösen Aktes. [...] Schließlich wog er die Schwarte respektvoll auf der Hand, beschnüffelte und beroch das ungefügige Quadrat mit halbgeschlossenen Augen [...].

Im Lesealltag mag es uns nicht immer bewusst sein, doch auch wenn keine so ausgeprägten bibliophilen Neigungen bestehen und auch wenn der Zeigefinger des adulten Lesers heute nicht mehr aktiv mitliest, nehmen unsere Hände im Lesen die Materialität des Buches wahr: den Einband, das Gewicht, vorhandene oder fehlende Bünde und Prägungen, Stärke und Oberflächenstruktur der Seiten, die es, *leise entfaltet in knisternden Freuden* (Franz Baermann Steiner), umzublättern gilt. Davon hängen auch die spezifischen Geräusche ab, die das einsame Lesen begleiten. Wer, wie Annie François, genau hinhört, bekommt dabei eine Menge zu hören, denn alles im Buch erzeugt Musik: *Der Rücken eines Bandes mit Fadenheftung gibt, wenn man ihn aufschlägt, ein ganz leises, kaum wahrnehmbares Trillern von sich, der eines alten Taschenbuchs ein düsteres Knarren, untrügliches Zeichen, daß bald die Blätter herausfallen werden; die Oberfläche des Papiers faucht und der Deckel vibriert unter ungeduldigen Fingern.* Verglichen mit dem *Donnerschlag*, den das Umblättern einer Zeitung verursacht, verhält sich das Buch äußerst diskret und verschafft sich nur in ruhiger Umgebung Gehör. *Schön an einem Zusammenleben war das nachbarliche Umblättern einer Buchseite am Abend ... erst hier, dann dort* (Peter Handke). Eines der lautesten Geräusche, das Büchern – abgesehen vom energischen Zuklappen – zu entlocken ist, hat sich mittlerweile praktisch verloren: Das Aufschneiden der Buchseiten begegnet einem heute in einem langen Leserleben nur mehr in antiquarischen Ausnahmefällen. Eine andere akustische Dimension steht hingegen nach wie vor jedem offen: das laute Lesen. Man kann für sich selbst laut lesen oder in einer Vorleseszene die Gemeinschaft mit anderen Lesern / Hörern suchen und teilen. Im konzentrierten lauten Lesen oder Vorlesen kann sich die Wirkung poetischer Sprache verstärken, die beim stummen Lesen mitunter gar nicht so bewusst wird. *Bei gutem Vorlesen*, so Hermann Hesse, *lernt man ungemein viel, namentlich schärft sich dabei der Sinn für den geheimen Rhythmus der Prosa, der die Grundlage jedes persönlichen Stiles ist.* Das ist auch einer der erfreulichen Aspekte gut gemachter Hörbücher, die den literarischen Vorlagen gegenüber allerdings oft von erschreckender Unbekümmertheit sind.

Antonia Byatt eröffnet ihren Literaturkrimi »Besessen« (1990, dt. 1993) mit der Inszenierung eines Buchfundes im Lesesaal der London Library, den sie nach allen Regeln der Kunst sinnlich ausgestaltet. Es beginnt mit dem charakteristischen Geräusch lange nicht benutzter Bücher:

Das Buch war dick, schwarz und völlig verstaubt. Sein Einband war verbogen und knarrte; es hatte einiges durchgemacht. Der Buchrücken fehlte, das heißt, er ragte wie ein unförmiges Lesezeichen zwischen den Seiten hervor. Wie eine Mumie war das Buch um und um mit schmutzigen, einst weißem Band verschnürt, dessen Enden eine ordentliche Schleife bildeten. […] Roland saß an seinem Lieblingsplatz, dem kleinen Tisch mit einem Stuhl hinter einem viereckigen Pfeiler, aber mit Sicht auf die Uhr über dem Kamin. Zu seiner Rechten fiel Sonnenlicht durch ein hohes Fenster, aus dem man die grünen Wipfel der Bäume am St. James Square sah.

Ohren, Augen, Hände (die Schleife will aufgeschnürt sein) sind hier vielfältig beschäftigt; mittelbar auch die Nase, denn Buchstaub riecht. Tatsächlich haben Bücher ihre individuellen Duftmarken. Es ist eine Geruchsmischung aus Leim, Leder, Druckerschwärze und Papier, das über die Jahre Umgebungsgerüche annimmt. Ein muffiger Geruch erzählt von unsachgemäßer, liebloser Lagerung und wird, weil Bücher nachtragend sind, jeder verordneten Luftkur widerstehen. Ein guter Buchgeruch hingegen tendiert dazu, sich über die Jahre zu verfeinern und mit neuen Aromen anzureichern. Über Bücherregalen ruht stets ein *milder Puderduft* (Annie François), und Bücherschränken entströmen beim Öffnen die wundersamsten Geruchsmischungen. *buch und nase*, heißt ein Gedicht von Ernst Jandl, das einem Jugendfreund und seiner ungezwungen sinnlichen Haltung zum Buch ein Denkmal setzt. Jandl erinnert sich an

die nase dietrichs, seinen blonden kopf
die langen schmalen finger, die das buch
irgendein buch, geöffnet bis zum bersten
an diese nase hoben, und er tief
den duft des buches einsog.
dietrich war eher, als der krieg aus, tot.

Der Duft der Bücher ist häufig mit Kindheitserinnerungen verbunden. Das hat wohl zu tun mit der Neugier des Kindes, das mit allen Sinnen entdecken will und dabei zivilisatorische Schranken noch ungestüm umgeht – der Geruchssinn gilt ja in unserer Gesellschaft als einer der niederen Sinne. Wäre Dietrich noch am Leben, würde er jetzt, in die Jahre gekommen, diese spontane Geste des *biblionasalen Vergnügens* (Günther Poidinger), käme sie ihm überhaupt noch in den Sinn, wohl nicht mehr so ungeniert ausführen. Auch in Ray Bradburys »Fahrenheit 451« (1953, dt. 1955), bekannt vor allem in der Verfilmung von François Truffaut 1966, ist es die juvenile Erinnerung an ihren Duft, über die sich die Sehnsucht nach den inzwischen verbotenen Büchern vermittelt: *Wissen Sie, daß Bücher nach Muskatnuß oder nach sonst welchen fremdländischen Gewürzen riechen? Als Junge habe ich immer gerne daran geschnuppert. Gott was gab es früher schöne Bücher, ehe wir davon abkamen.* Heimito von Doderer schildert in der Erzählung »Die Bresche« (1924) einen recht ungenierten Umgang – nicht nur mit dem Geruchssinn:

Die Pracht der Schaufenster zerstreute Herzka am meisten, er streifte die Straße entlang, schlenderte wie durch eine Ausstellung. Jetzt dachte er an Magdalena, schwoll förmlich an von liebevollen Empfindungen für die ältere Freundin, er lächelte ohne es zu wissen, trat in die Buchhandlung und kaufte für sie einen von jenen entzückenden Einbänden, hinter denen der Inhalt fast zurücktritt: tabakbraunes Leder mit goldenen Blümchen, im Stile den Arbeiten des Clovis Eve nachgebildet, zart und edel: Herzka roch an dem Buch (dies war einmal seine Gewohnheit) und auch seine Nase wurde von dem strengen Duft des Leders und der reinen Ausdünstung des kostbaren Papiers befriedigt.

Hier sind zwei pralle Sinnenmenschen am Werk: der Buchkäufer wie der Autor. Zunächst sehen wir Herzka als absoluten Augenmenschen, der in der Haltung eines Ausstellungsbesuchers durch

siehe auch S. 161 u. 190

Eule (Ullstein), Fische (Fischer Taschenbuch), Fliege (Eichborn), Hähne (zu Klampen), Igel (Igel Verlag), Katze (Kater Murr's Press), Libelle (Libelle Verlag), Schwein (Das fröhliche Wohnzimmer), Specht (Picus), Spinne (Aarachne)

Verlagszoo, ›Kleine Tiere‹ und ›Haustiere‹, Schautafel 1

die Straßen flaniert. Beim Denken an die ältere (man darf sie getrost als füllige Dame imaginieren) Magdalena *schwillt* die Empfindung in ihm an. In diesem Zustand der Entzückung begeistert ihn schon der Einband des Buches im Stile des Buchkünstlers Clovis Eve. Oscar Wildes Dorian Gray sieht im Hause seines Freundes und Verführers Lord Henry ein Original: *Auf einem zierlichen Satinholztischchen stand eine Statuette von Clodion, und daneben lag eine Ausgabe von ›Les Cent Nouvelles‹ in einem Einband, den Clovis Eve für Margarete von Valòis geschaffen hatte und der über und über bedeckt war mit goldenen Gänseblümchen.* Auch wenn Doderers Herzka nur eine Nachahmung davon sieht, sie befriedigt den Tastsinn (Leder) und das Auge (tabakbraun, Goldprägung, Blumen) ebenso wie den Geruchssinn (Leder, Papier), den Herzka so hemmungslos auslebt wie Ernst Jandls Jugendfreund Dietrich. Dass der Duft des Leders streng ist, leitet über zur nächsten Freude, die Jan Herzka erwartet:

Eben wollte er einpacken lassen und bezahlen, da wurde sein Blick aufgehalten – so entschieden wie der Fuß eines Stolpernden: unter den Antiquitäten, die es in diesem Laden auch gab, war ein großer Band in Folio aufgeschlagen, eine alte Schwarte, der Text in sehr schönem Druck mit roten Initialen; das andere Blatt aber nahm an der aufgeschlagenen Stelle ein Kupferstich ein. Der hier dargestellte Gegenstand fesselte Jan sofort, traf bei ihm ins Schwarze, wahrhaftig ins Schwarze, in einer Art von Abgrund in seinem Wesen.

Der zufällige Buchfund ist ein sogenanntes Passional, eine Sammlung von Märtyrergeschichten mit detailreichen Kupferstichen, und *gerade diese Kupfer befriedigten Herzka in so hohem Maße.* Es war schon an seinem spontanen Riechverhalten dem Buch gegenüber abzulesen, dass er dazu neigt, seine sinnlichen Bedürfnisse unverhohlen auszuleben. Nicht nur für diese Art von Leidenschaftlichkeit ist die Wahl des richtigen Leseortes von zentraler Bedeutung.

Leseorte oder Wellness mit Büchern

Als materielle Gegenstände sind sie praktisch wertlos. Sie haben ein hohes spezifisches Gewicht, und nur ein paar zu tragen, kann mitunter schon unbequem sein.

Vilém Flusser

Lesen verlangt die Bereitschaft, sich auf die Erzählwelt und ihren spezifischen Rhythmus einzulassen. Italo Calvino beschreibt in der Erzählung »Herz zwischen den Seiten« (1958, dt. 1972) die behutsame Annäherung eines Lesers an seine Urlaubslektüre. Das Versinken ins Buch gelingt dann so radikal, dass der Leser das im Originaltitel »L'avventura di un lettore« angekündigte (erotische) Abenteuer fast versäumt, weil er sich von den Seiten seines Buches nicht lösen kann.

Amadeo liebte die dicken Wälzer, und wenn er sie in Angriff nahm, empfand er ein körperliches Wohlbehagen wie bei der Bewältigung einer grossen Anstrengung. Ihr Gewicht in der Hand abwägen, eng bedruckt, kompakt, dickleibig, mit einiger Besorgnis die Seitenzahl betrachten, die Weitläufigkeit der Kapitel; dann in sie eindringen [...] Hinter den Seiten trat man in eine Welt ein, in welcher das Leben mehr Leben war als hier.

Um dorthin zu gelangen, braucht es Muße und auch Konzentration. Nicht nur, dass es gilt, beides dem Alltag abzutrotzen, auch die Physis will bei Laune gehalten werden. Ruhiggestellte Teile des sinnlichen Wahrnehmungsapparates verlieren rasch die Geduld und fordern ihr Recht ein. Man kann dem vorbeugen, indem man sie gleichsam en passant mit einbezieht in das Hauptgeschehen des Lesens. Auf vielen klassischen Leserbildern, die mit Ambientedetails die aktive Beteiligung aller Sinne andeuten, gehört neben einem Tablett mit Naschereien ein Glas Wein oder eine Tasse Tee zur Grundausstattung. Was das dargestellte Figurenpersonal betrifft, dominiert eine klare geschlechtsspezifische Segregation. Handelt es sich um Leserinnen, sind sie zumeist jung und hübsch (und genäschig), während bei lesenden Männern deutlich die älteren Semester überwiegen. Denselben Eindruck vermitteln Exlibris-Sammlungen, in denen sich juvenile – häufig spärlich bekleidete – Weiblichkeit und soignierte Herrenporträts gegenüberstehen. Pavel Pepperstein interpretiert in dem Band »Die Sprache der Kunst« die vielen entblößten Mädchen in der Gebrauchsgraphik rund ums Buch als eine Art *Sesam-öffne-dich*. Männliche Leser hingegen stehen von der Bildtradition her in der Nachfolge der Kirchenväter, Eremiten und Gelehrten. Das hat auch mit dem traditionellen Image des Lesens als Zeitvertreib und Freizeitbeschäftigung zu tun. *Beschäftigung für Müßiggänger* verzeichnet Gustave Flaubert zum Stichwort *Literatur* in seinen vergnüglichen Notizen zu einem »Wörterbuch der Gemeinplätze« (posthum 1985, dt. 1991); *Wie auch immer, stets zu lang*, heißt der Eintrag zum Stichwort *Buch*. Dafür haben Männer in der Mitte des Lebens einfach keine Zeit. *Ein stattlicher Herr wie er, sagten sie, habe Bücher doch nicht nötig. Er solle das Bücherlesen, sagten sie, den Gichtgeplagten oder den Todkranken überlassen*, so lauten die Einwände, mit denen sich Virginia Woolfs Vielleser »Orlando« (1928, dt. 1929) konfrontiert sieht.

Leseszenen in der Bildenden Kunst sind aber nicht nur unter geschlechtsspezifischem Aspekt lehrreich, sondern eben auch in Bezug auf die sinnenfrohe Inszenierung des Lesens. Als Stimulanzien für den Geruchssinn – abgesehen von der olfaktorischen Eigenmarke des Buches, die bildlich schwer darstellbar ist – zeigen sie Rauchwaren, Kaffeetassen oder duftende Blumen. Für das Ohr gibt es Vogelgesang, Instrumentalmusik oder auch Stimmengewirr und Geschirrgeklapper an öffentlichen Leseorten wie dem Kaffeehaus. Der Tastsinn kann zusätzlich zum Intimkontakt mit Bucheinband und Seiten, mit dem Streicheln von Katzen und Schoßhunden beschäftigt werden oder durch weiche Kissen, flauschige Decken, zarte Felle. Für generelles physisches Wohlbefinden sorgen bequeme Lesemöbel, angenehme Lesetemperaturen am offenen Kamin oder des Sommers in idyllischer (Garten)-Landschaft, die dem Gesichtssinn in den Lesepausen anregende Abwechslung bietet. Für ausreichende Helligkeit sorgen (durch's Fenster einfallendes) Tageslicht, Kerzenschein oder Kaminfeuer (die beide auch eine Geruchsspur andeuten), oft auch der Vollmond. Eine originelle Beleuchtungsmethode erfand Cyrano de Bergerac in seiner 1657 posthum erschienenen »Reise zum Mond« in Form einer Kristallkugel mit eingeschlossenen Glühwürmchen. Virginia Woolf greift diese Technologie in ihrem Roman »Orlando« wieder auf, wo der lesesüchtige junge Orlando, als man ihm die Kerze für seine nächtliche Lektüre wegnimmt, Glühwürmchen züchtet, *damit sie seinem Zweck dienten.*

Das ungelöste Beleuchtungsproblem ist ein Grund, dass Leseszenen im Bett – außer im Krankheitsfall – in der Bildenden Kunst vergleichsweise spät auftauchen. Baldachin und Bettvorhänge deuten in den frühen Bettleseszenen zudem auf eine gewisse Unwirtlichkeit des Raumklimas hin, und das als Ablage für Bücher, Gläser und Beleuchtungskörper unerlässliche Kleinmöbel Nachtkästchen begann sich erst Ende des 19. Jahrhunderts zu etablieren. Noch in Stifters Erzählung »Nachkommenschaft« (1863) muss sich der Gutsbesitzer Roderer *eine eigene Lampe und ein Pult* basteln, *um nachts, oder wenn er krank war, im Bette lesen zu können.* Ein wenig partizipieren Bettleseszenen immer an der intimen, erotischen Aufladung des Handlungsortes. *Alle meine Freunde tun es dort*, antwortet Margit Schreiner auf eine Umfrage über »Den Platz, an dem ich lese«, nur *Heinz A. hat sich einen Liegesessel gekauft, weil es dann so ausschaut, als täte er es im Sitzen.*

Wenn ein Kopf und ein Buch zusammenstoßen, und es klingt hohl, ist das allemal im Buch? Das ist vielleicht der meistzitierte Aphorismus Georg Christoph Lichtenbergs in Sachen Lesekultur. Für hohle Leserköpfe fallen einem spontan zweifellos viele Beispiele ein, vor allem aus dem öffentlichen Leben. Und so war's von Lichtenberg wohl auch gemeint, der sein Leben lang gegen die Bildungsphilister seiner Zeit polemisierte. Gut geeignet ist dieser Merksatz natürlich auch als Trostspruch für AutorInnen, die sich mit schlechten Rezensionen konfrontiert sehen. Man kann den Satz aber auch rein alltagspraktisch interpretieren: Es muss nicht das Buch schuld sein und auch nicht der Kopf; es kann ganz einfach an schlechter Stimmung liegen, am falsche Zeitpunkt für die Begegnung oder am unpassenden Ambiente, wenn es nicht gelingt, in ein Buch reinzufinden. *Man schlägt eines auf, man liest eine Zeile, einen Vers: aber er klingt nicht in die Stunde*« (Stefan Zweig).

Jede Kombination der Begegnung Buch–Leser begründet ein ganz spezifisches Resonanzverhältnis. Nicht anders als die Begegnung mit Menschen, kann jene mit Büchern dem Leben Richtungsänderungen vorschlagen und Alternativen andeuten. Ob dieses Potential aktiviert wird, hängt – wie im zwischenmenschlichen Bereich – von den unterschiedlichsten Zufällen ab: die besonderen Umstände der ersten Begegnung, der Zusammenklang mit der individuellen Lebenssituation, das Gefühl, hier Antwort auf Fragen zu finden oder auch Fragen gestellt zu bekommen, die weit über das Buch hinaus ins eigene Leben hineinwirken.

Ob ein Leseakt glückt, ist aber auch ganz simpel von äußeren Faktoren abhängig, und hier kann bewusstes Zelebrieren nachhelfen: ein ansprechendes Ambiente, ausreichende Bequemlichkeit, Ausschalten von Störfaktoren (Telefon), stimmungshebendes Beiwerk, leise Musik zum Beispiel. Für viele Alltagstätigkeiten bilden sich im Lauf eines Lebens Rituale heraus, auch für das Lesen. Es ist eigentlich verwunderlich, dass bei dem aktuellen Breitbandangebot an Lebenshilfe- und Wellnesstipps das rekreative Potential des Lesens noch nicht entdeckt wurde, denn *Lesen ist Gymnastik für die Seele* (Robert Walser). Lesepausen können den Tag strukturieren, sie sind entspannend und anregend zugleich und vermitteln das angenehme Gefühl, dass man immer etwas *mitnimmt* für sich und den Rest des Tages. *Wenn ich merke, dass ich an einem Tag sehr hektisch bin und das kommt ja doch auch vor, dann verdamm ich mich dazu ein Gedicht zu lesen … sie glauben gar nicht was das für eine Höllenqual ist, in Hektik ein Gedicht zu lesen ist furchtbar*, sagte Bernhard Pesendorfer in seinem Festvortrag zum zehnjährigen Jubiläum des »Vereins zur Verzögerung der Zeit«. Auch wenn man lesetherapeutischen Konzepten skeptisch gegenüberstehen mag, die hier angesprochene Wirkung ist evident. Lesestunden lassen sich bewusst zum genussvollen Erholungsritual inszenieren, was Vielleser intuitiv immer schon getan haben. Wer Anleitungen zum zeremoniellen Leseakt sucht, kann natürlich auch die Literatur zu Rate ziehen. Eine besonders praxisnahe und umfassende Auflistung der Möglichkeiten und auch der nötigen Vorbereitungsaktivitäten liefert Italo Calvino zu Beginn seines Leserromans »Wenn ein Reisender in einer Winternacht« (1979, dt. 1983):

Such dir die bequemste Stellung: sitzend langgestreckt, zusammengekauert oder liegend. Auf dem Rücken, auf der Seite, auf dem Bauch. Im Sessel, auf dem Sofa, auf dem Schaukelstuhl, auf dem Liegestuhl, auf dem Puff. In der Hängematte, wenn du eine hast. Natürlich auch auf dem Bett oder im Bett. Du kannst auch Kopfstand machen, in Yogahaltung. Dann selbstverständlich mit umgedrehtem Buch.

Sicher, die ideale Lesehaltung findet man nie. Früher las man im Stehen, vor einem Lesepult. Man war ans Stehen gewöhnt. Man entspannte sich dadurch vom Reiten. Beim Reiten zu lesen, ist noch niemandem eingefallen; und doch reizt dich jetzt der Gedanke an ein Lesen im Sattel, das Buch an die Mähne des Pferdes gelehnt, womöglich mit einem besonderen Zaumzeug an den Ohren befestigt. Mit den Füßen in Steigbügeln müßte man sehr gut lesen können, hochgestützte Füße sind die erste Bedingung für den Genuß einer Lektüre.

Also worauf wartest du noch? Streck die Beine aus, leg ruhig die Füße auf ein Kissen, auf zwei Kissen, auf die Sofalehne, auf

die Ohrenstützen des Sessels, aufs Teetischchen, auf den Schreibtisch, aufs Klavier, auf den Globus. Zieh aber erst die Schuhe aus, wenn du die Füße hochlegen willst. [...]
Stell dir das Licht so ein, daß deine Augen nicht müde werden. Mach's gleich, denn wenn du erst einmal in die Lektüre vertiefst bist, kannst du dich nicht mehr regen. [...] Tu möglichst alles, um die Lektüre nicht später unterbrechen zu müssen. Leg dir Zigaretten in Reichweite, falls du Raucher bist, einen Aschenbecher. Was fehlt noch? Mußt du vielleicht aufs Klo? Bitte, das weißt du selber am besten.

Das ist ein beachtlicher Katalog von möglichen Lesehaltungen und selbst die Idee des Lesereitens ist so neu nicht. 1786, so berichtet Erich Schön in seiner Studie »Der Verlust der Sinnlichkeit oder Die Verwandlungen des Lesers«, präsentierte das »Journal des Luxus und der Moden« einen Schreibpultsitz, *auf dem man schrittlings wie auf einem Sattel sitzt, und der gerade so hoch seyn muß, dass man noch halbstehend sitzen kann [...] damit der Unterleib nicht den schädlichen Druck des Sitzens leide.* Im Reitersitz blickt der Leser vor sich auf das Pult, das an der Lehne angebracht ist, für die Ellbogen gibt's seitlich bequeme Armstützen. Für das Lesen im Stehsitz plädiert auch Hajo Eickhoff in seiner Kulturgeschichte des Sitzens »Himmelsthron und Schaukelstuhl«. Jahrhunderte lang, so Eickhoff, haben die Menschen im Stehen gelesen und geschrieben; erst über die langweilige Tätigkeit des Abschreibens begann sich das Sitzen als scheinbar bequemere wiewohl ungesunde Körperhaltung durchzusetzen.

Calvino packt in seine Anweisungen zur Vorbereitung auf das Lesevergnügen auch ein anarchisches Moment hinein. Der Leser darf alles. Zum Beispiel die Beine auf den Tisch legen – oder auf den Globus, eine deutliche Erorberergeste, schließlich ist er im Begriff, sich eine Buchwelt lesend zu erobern.

Was wäre wohl auch gemütlicher, als abends beim Schein der Lampe mit einem Buche am Kamin zu sitzen, während draußen der Wind gegen die Fensterscheiben schlägt? [...] Dann denkt man an nichts, und die Stunden verrinnen. Ohne daß man sich bewegt, wandert man mit dem Erzähler durch ferne Lande. Man wähnt sie vor Augen zu haben. Man träumt sich in die fremden Erlebnisse hinein, bis in alle Einzelheiten; man verstrickt sich in allerhand Abenteuer; man lebt und webt unter den Gestalten der Dichtung, und es kommt einem zuletzt vor, als schlüge das eigene Herz in ihnen.

So schwärmt in Gustave Flauberts »Madame Bovary« (1856, dt. 1892) Leo Dupuis, Adjunkt des Notars zu Yonville, und Emma, die ihre Sehnsüchte seit Klosterschultagen mit der Lektüre rührseliger Romane stillt, stimmt ihm begeistert zu. Seinem Werben wird sie allerdings zunächst nicht nachgeben, da muss erst der routinierte Verführer Rodolphe Boulanger den Weg ebnen. Leos Vorstellung von (Lese)Behaglichkeit – im Ohrensessel am Kamin sitzen, vielleicht in Hausschuhen und speckigem Schlafrock – , entspricht nicht ganz Emmas Erwartungen vom großen Abenteuer. Rodolphe dürfte – so überhaupt – eher ein Bettleser sein. Es ist gar nicht so selten, dass in Büchern zentrale Hinweise auf Charakterdispositionen der Figuren in Leseszenen versteckt sind. Die Wahl der Lesehaltung wie des bevorzugten Leseortes ist eine sehr individuelle Sache. Ess- wie Leseverhalten sind Ausdruck des persönlichen Charakters. Man kann beides kultivieren, verändern, fremden Gepflogenheiten anpassen, zum Beispiel beschließen, als Europäer Reis nur mehr mit Stäbchen zu sich zu nehmen. In unbeobachteten Momenten oder wenn man sehr hungrig ist, wird man doch auf das altgewohnte Besteck zurückgreifen. Es gibt bekennende Sitz- und Liegeleser, und wenn man daraus eine vorsichtige These ableiten möchte, dann dürfte die jeweilige Präferenz auch mit einer unterschiedlichen Interpretation des Begriffs ›Gebrauchsgegenstand‹ für das Buch zu tun haben. Darauf wird noch zurückzukommen sein.

Dass es keine wirklich ideale Lesehaltung gibt, liegt an den Büchern, nicht am Leser. Sie sind schwer und müssen irgendwie in Augenhöhe im rechten Abstand gehalten werden. Zumindest Nackenverspannungen sind in jeder Lesehaltung unausweichlich, in zyklischen Abständen einschlafende Gliedmaßen wahrscheinlich. Bedauerlicherweise haben sich die Möbeldesigner seit langem vom Buch ab- und dem Fernsehgerät bzw. dem Computer zugewandt. Doch eine für den Fernsehstuhl durchaus adäquate Ausstattung ist für Leser keineswegs ausreichend, weil das Problem der Überbeanspruchung für Nacken oder Handgelenke ignorierend. Da war man im 19. Jahrhundert mit phantasievollen Variationen auf den Lese- und Ruhesessel mit Buchpult eindeutig weiter. Zur Standardausstattung gehörten: gepolsterter Sessel mit verstellbarer Rückenlehne, Fußstützen zum Herausziehen und seitlich angebracht ein schwenkbares Pult mit schräger, verstellbarer Buchauflage samt integriertem Klemm- bzw. Zeilenhalter. Der Verlust des Buchpults ist für die Nackenmuskulatur generell äußerst bedauerlich, der im Umfeld des PCs wieder aufgetauchte Konzepthalter ist rein auf büromäßige Bedürfnisse ausgerichtet und kein Angebot an die Leser.

Das Museum für Kunsthandwerk in Frankfurt am Main veranstaltete 1985 eine große Ausstellung mit dem Titel »Die Kunst des Lesens. Lesemöbel und Leseverhalten vom Mittelalter bis zur Gegenwart«. Der Katalog der Ausstellung zeigt die vielfältigen Möglichkeiten, das Lesen in allen Körperlagen angenehmer zu gestalten. Da gibt es einen Schreib- und Lesetisch, in den ein aufklappbares Lesepult eingebaut ist; Lesebetten und Lesestühle mit mobilen Buchauflageflächen samt integrierten Beleuchtungssystemen in Form strategisch angebrachter Kerzenhalter und griffbereiter Ablageflächen für Notizzettel, Schokoladevorräte, Aschenbecher oder Trinkgefäße; für schwüle Sommerabende wurde sogar ein mechanischer Fächer mit Fußbedienung entwickelt. Bei den unhandlicheren Formaten der damaligen Buchwelt waren Schaft-, Kasten-, Tisch- und Faltpulte nützlich, noch früher waren sie unerlässlich für das Handling der großen Folianten. Ideal dafür auch das berühmte Leserad des italienischen Ingenieurs Agostino Ramelli aus dem Jahr 1588. Es funktioniert wie das Schaufelrad einer Mühle. Die einzelnen Pulte, auf denen die Bücher aufliegen, werden durch einen Zahnradmechanismus immer in derselben Lage gehalten, unabhängig von der Drehung des Rades. Das Leserad ermöglicht die parallele Konsultation mehrerer Bücher, ist also für Studienzwecke besonders geeignet. Die Höhenverstellbarkeit durch den Drehmechanismus fördert eine aufrechte Kopfhaltung und schont damit den Nackenbereich, die Hände bleiben frei. Ramelli empfahl das Leserad ausdrücklich Personen, *die sich an den Studien erfreuen, vor allem denen, die kränklich sind oder an der Gicht leiden.* Der gemeinsame Nenner all dieser Entwürfe ist das Verlangen nach Anpassung der Möbel an den lesenden Körper und zeugt von den frühen ergonomischen Überlegungen im Dienste des Lesers.

Ich lese am liebsten auf dem Fußboden, auch auf dem Bett, fast alles liegend, nein, es geht dabei weniger um die Bücher, es hat vor allem mit dem Lesen zu tun, mit Schwarz auf Weiß, mit den Buchstaben, den Silben, den Zeilen, diesen unmenschlichen Fixierungen, den Zeichen, diesen Festlegungen, diesem zum Ausdruck erstarrten Wahn, der aus dem Menschen kommt, heißt in Ingeborg Bachmanns »Malina« das klare Bekenntnis zum liegenden Lesen. Vor allem in Verbindung mit dem kuscheligen Leseort Bett und dem pragmatischen Effekt, den Übergang zum Einschlafen sanft und angenehm auszufüllen, erfreut sich das Lesen im Liegen großer Beliebtheit. Im Bett lesen heißt auch, sich zurückziehen, unerreichbar werden für die Welt und mit sich selbst noch ein wenig allein sein, bevor man sich dem Schlaf überlässt. *Lesen verbinde ich seit jeher mit Bett,* lautet der erste Satz von Annie François' »Autobiobibliographie«. Im Idealfall haben wir als Kinder im Bett Einschlafgeschichten vorgelesen bekommen. Später dann vielleicht mit der Taschenlampe unter der Bettdecke die Lektürezeit verlängert, die für die dickleibigen Karl-May-Bände nie ausreichte, schließlich hatte man tagsüber ja auch noch zu spielen. Die Literatur, zumal die autobiographische, ist voll von solchen Zeugnissen früher Leseerfahrung unter der Bettdecke, das Laster scheint weitverbreitet und unausrottbar zu sein und ist seit Erfindung der Taschenlampe nicht mehr wirklich gefährlich. Wilhelm Busch, immer recht für den erhobenen Zeigefinger, lässt in »Fipps der Affe« (1879) aus Jettes Bettlektüre bei Kerzenlicht noch einen Brand entstehen. Aber das ist lange her und ereignete sich auch damals nicht naturnotwendig. Marcel Proust etwa berichtet von langen Lesenächten im Bett bei Kerzenlicht, ohne einen Unfall zu erwähnen und beschreibt den besonderen Genuss dieser Heimlichkeit, trotz *der Gefahr einer Strafe, wenn ich entdeckt würde, und trotz der Schlaflosigkeit, die sich nach Beendigung des Buches vielleicht über die ganze Nacht* hinzog.

Die Wahl des Leseortes ist, zumal in unseren Breiten, auch jahreszeitenabhängig. *Bücher liegen auf dem Bett herum, / Blätter auf dem Rasen.* Mit dieser Verschränkung über das homonyme Blatt des Buches wie des Baumes bezeichnet James Schuyler in seinem Gedicht *Oktober* den Beginn der idealen Jahreszeit für das Lesen im Bett. *Bald wird wieder geheizt werden. Das Himmelsquadrat ist grau, das Licht farblos [...] Es ist Herbst und Langeweile.* Und das ist in Armin Gatterers »Genfer Novellen« (1991) das Signal, sich an freien Tagen in die *Bücherburg* im *geplusterten Federbett* zurückzuziehen und sich *von den Türmen der Bücher, die auf dem Nachtkästchen hinter dem Kopfbrett, in Griffweite auf dem Teppich oder in den zugänglichen Regalen über mir aufgestapelt stehen* zu bedienen, und die Welt und den Herbst und die Langeweile über dem Lesen zu vergessen. Calvinos Handlungsanweisungen hat Armin Gatterer genau befolgt: alles da und in Griffweite. Die Behaglichkeit will nicht von banalen Beschaffungsaktivitäten unterbrochen sein, noch dazu wenn's draußen kalt ist.

Ein anderes Sinnbild für ein behagliches Leseszenario ist das Bücherzimmer, die private Bibliothek, auf die wir in anderem Zusammenhang noch zurückkommen werden. *Bin ich zu Hause, so kehre ich oft in meiner Bibliothek ein*, mit dieser überraschenden Formulierung eröffnet Michel de Montaigne die Beschreibung seines berühmten Leseturms:

Die Form des Zimmers ist rund und hat keinen anderen leeren Raum als nötig ist, um meinen Tisch und meinen Stuhl zu fassen. Drehe ich mich um, so kann ich alle meine Bücher überblicken, die ringsumher auf Gestellen mit je fünf Reihen aufgestellt sind. Der Turm hat drei Fenster mit schöner freier Aussicht und sechzehn Schritt Raum im Durchmesser. [...] gerade das gefällt mir daran, daß er nicht so leicht zugänglich und daß er abgelegen ist, sowohl weil mir das etwas Motion verschafft, als weil es den Anlauf von mir fernhält.

Hier sind viele Motive angetippt: die Bedeutung der Raumhygiene – der mittelalterliche runde Turm entspricht sogar heutigen Feng-shui-Vorstellungen –, die Befriedigung über die zumindest optische Übersichtlichkeit der angehäuften Bücher, der Blick nach außen, der dem Hausherrn auch *einen Überblick über Haus und Hof* und damit eine marginale Teilnahme an den Alltäglichkeiten des Lebens ermöglicht; das Gefühl der räumlichen Absonderung und Unerreichbarkeit und die *Motion* des Treppensteigens als Ausgleich für die immobile Tätigkeit des Lesens. Das war Montaigne wichtig, denn neben den vielen Annehmlichkeiten des Lesens sieht er auch die Gefahren: *die Seele betätigt sich dabei, aber der Körper, dessen Pflege ich auch nicht vergessen habe, bleibt indessen ohne Bewegung, erlahmt und vergrämt. Ich wüßte keine Ausschweifung, die mir in diesem Lebensabend schädlicher und mehr zu meiden wäre.*

Jedenfalls hat Montaigne sich mit seinem Leseturm eine Art *Festung* geschaffen, wie es Stefan Zweig in seinem 1960 posthum erschienenen Essay »Montaigne« ausdrückt: *Er kann herausgehen, niemand kann hineingehen. Er kann schalten, wann er Gutsherr, Hausherr, Vater, Gatte, Sohn sein will und wann nur er selbst.* Das setzt Wohlstand voraus in Form von Besitz und relativ freier Verfügung über den Tagesablauf. *Ein solcher Raum*, analysiert der englische Philosoph George Steiner, *bringt bestimmte ökonomische und soziale Beziehungen mit sich, wie zum Beispiel die Beziehung zwischen den Domestiken, welche die Bücher abstauben und ölen, und dem Herrn, welcher sie liest, oder zwischen der geheiligten Privatsphäre des Gelehrten und dem vulgären Terrain, auf dem seine Familie und die Welt draußen ihr lärmendes, philiströses Leben leben.* Montaignes Bibliothek im Turmzimmer ist der voll ausgeformte Schlusspunkt der allmählichen Entwicklung von der Studier- und Gelehrtenstube hin zur Bibliothek. Mit dem freien Rundblick auf die Welt draußen ist sie Symbol der notwendigen Absonderung und zugleich der inhaltlichen Öffnung der Bibliothek für die Außenwelt, wie sie sich im Anwachsen der naturwissenschaftlichen Buchbestände manifestiert.

Heute verlangt uns der Alltag eine hohe Mobilität ab, und das regt den mobilen Einsatz des Buches an. Namentlich die Nutzung öffentlicher Verkehrsmittel schafft Leerzeiten, die gut mit Büchern verkürzt werden können. Allerdings muss man sie mittragen, und Bücher *sind schwer wie Blei, mehr Ballast- als Lesestoff, machen meine Taschen kaputt, schneiden mir in die Schulter, ziehen mich nach rechts, bescheren mir einen seitwärts gekrümmten Gang*, klagt die Vielleserin Annie François, die nie ohne etliche von ihnen das Haus verlässt. Lesen in den »Zwischenräumen« des öffentlichen Verkehrs beraubt den Leser seiner Intimität, kann aber auch zur Behauptung eines privaten Umraums dienen. *das buch als schild / zwischen mir und der welt*, heißt es in Elfriede Gerstls Gedicht *in begleitung des mondes* über das Lesen im Zugabteil. Trotzdem, lesen im öffentlichen Raum bedeutet immer auch, sich der Beobachtung aussetzen, und das impliziert Indiskretion. Der Leser ist allein mit sich selbst, *ein von allem entblößter, ein nackter Mensch* (Virginia Woolf), sein Anblick ist nicht für fremde Augen bestimmt.

Tatsache ist, dass die meisten Indiskretionen dieser Art von anderen Lesern begangen werden. *Leser empfinden andere geradezu eifersüchtig als Konkurrenten, beobachten deren Verhalten neugierig bis voyeuristisch (›Zeige mir, was du liest, und ich …‹)*, meint der Nestroy-Forscher Jürgen Hein. Das ist wahr, doch wer selbst neugierig linst, ob er den Buchtitel des fremden, aber lesenden und dadurch irgendwie vertrauten Sitznachbarn erspäht, hütet sich seinerseits sorgfältig vor dessen neugierigen Blicken und empfindet es als absolut ungebührlich, wenn jemand versucht, in die Seiten des eigenen Buches zu schauen oder gar mitzulesen. Einer der schamlosesten Beobachter von Lesern ist Peter Handke. Im Roman »Die Abwesenheit« (1987) beschreibt er über mehrere Seiten die doppelt gespiegelte Beobachtung eines Lesers. Im Autobus beobachtet der Erzähler einen alten Mann, der von seinem Buch aufsieht um gemeinsam mit dem Autor einen jungen Soldaten zu beobachten:

Auch dieser hat sein Buch zur Hand, noch geschlossen, und trifft umständliche Vorbereitungen, es aufzuschlagen. Zuerst hält er es von sich weg und bedenkt es mit einem Blick, wie um den richtigen Abstand zu bestimmen, und es zu würdigen. Sein Aufschlagen dann ist eher ein behutsames Entfalten. Als nächstes klammert er eine winzige Leselampe an den hinteren Deckel, betrieben von einer Batterie, die er mit der Rechten umfaßt, während die Linke auf die erste Zeile einen halbzylindrischen Glasstab legt, welcher nicht nur die Lettern vergrößert, sondern auch die Zwischenräume auf dem Papier hell aufleuchten läßt. […] Dabei hat [der Leser], so still er da sitzt, alle Hände voll zu tun, mit dem zeilenweisen Verschieben der Lupe einerseits, mit dem Halten der schweren Batterie, die er wiegt wie einen Stein andererseits. […] unter dem Leser-Rock hebt sich der Brustkorb, verbreitern sich die Schultern, und am Hals, dessen Adern anschwellen, kann der Perlmuttknopf des Leser-Hemds schimmern. Die Augen des Lesers sind schmal und in den Winkeln geschweift, wie verlängert hinauf in die Schläfen, so als bildeten die doch nahen Buchstaben und Wörter einen sehr fernen Horizont. An diesen Augen wird deutlich, daß nicht er das Buch aufnimmt, sondern das Buch umgekehrt ihn; allmählich geht er auf es über, bis er – die Ohren legen sich förmlich zurück – in ihm verschwunden und ganz Buch geworden ist.

Nicht nur die Intensität des indiskreten Beobachterblicks hat etwas Verstörendes, auch der sakrale Ton: die Sonderbarkeit der Zurichtungen, die Magie des aufleuchtenden Weiß zwischen den Lettern, die Intensität der Lektüre, die zur Inkorporation durch das Buch führt. *Es ist schon fragwürdig, wenn man das Wort ›Lesen‹ zelebriert, wenn man also eine simple ›Kulturtechnik‹ exklusiv im emphatischen Sinne anspricht*, meint der Kulturphilosoph Franz Schuh in seinem Essay »Lob und Tadel der Lektüre«, in dem er sich um einen nüchternen Blick auf des Verhältnis Buch und Leben bemüht. Auch Peter Bichsel schreibt immer wieder gegen solche Sakralisierungstendenzen an. Wenn er Leser in öffentlichen Verkehrsmitteln beobachtet, hört sich das zum Beispiel so an: *Als ich einmal in einem finnischen Zug fuhr und sah, wie da fast jeder sein Buch vor der Nase hatte: ich gestehe, ich mußte lachen. Das sieht sehr komisch aus, ein ganzer Eisenbahnzug voll lesender Menschen, und ich wundere mich, daß die Filmkomödie noch nicht entdeckt hat, daß ein lesender Mensch mit seinem Buch vor dem Kopf etwas Komisches ist.* Das sah schon Josef von Eichendorff so. Sein »Taugenichts« (1826) beobachtet *einen langen, schmalen, blassen Jüngling in einem langen braunen Kaputrock*, der im Freien liest, noch dazu *sehr laut*, und dabei recht *absonderliche Grimassen macht*. Eichendorff verleiht der Szene und ihrem Akteur eindeutig etwas Lächerliches, lässt den Leser *den Kopf ganz melancholisch auf die rechte Hand* stützen, *tiefe Seufzer* ausstoßen und schließlich *in das Gebüsch Reißaus* nehmen.

An Handkes Leser-Bild ist noch ein anderes Moment auffallend: die Betonung der körperlichen Aspekte des Lesens. *Der Leser zeigt sich als Handwerker*, behauptet Handke und meint damit nicht nur das zeilenweise Verschieben des Lesestabs. In »Mein Jahr in der Niemandsbucht« (1994) inszeniert Handke einen Leseakt ganz ähnlich. Hier ist es eine junge Frau, *sie streckte das Buch, noch geschlossen, zunächst von sich weg, was etwas von der Position eines Ringkampfes hatte, der gleich losgehen würde, auch durch die zurückgelehnten Schultern und die zu Boden geschlagenen Augen. Der ganze Körper der Frau war be-*

teiligt und blieb ebenso, als sie schon beim Lesen war. Erich Schön hat in seiner bereits erwähnten Studie über den »Verlust der Sinnlichkeit« als zentralen Aspekt des Mentalitätswandels um 1800 die Immobilisierung des Körpers herausgearbeitet. Die Fortschritte im Lesevermögen emanzipierten den Leser vom lange geübten Mitbuchstabieren und dem unterstützenden Mitlesen des Zeigefingers. Aus dem Lesen als motorischer Tätigkeit wurde das bloße Augenlesen. Das von Handke reimplantierte Utensil des Lesestabs greift diese, einst von der geringeren Übung im Umgang mit Schriftlichkeit erzwungene Langsamkeit und Mitarbeit der Hand bewusst wieder auf und macht sie zum Teil eines Rituals.

Der Übergang zum laut- und bewegungslosen Augenlesen vollzog sich langsam und wirkte auf die Zeitgenossen zunächst verstörend. Von Augustinus (354–430) wird berichtet, dass er verblüfft war über den Mailänder Gelehrten und Bischof Ambrosius (339–397), der ein Buch zu lesen verstand, ohne die Lippen zu bewegen. Die Bekehrung des Augustus erfolgte übrigens, wie er selbst berichtet, durch eine Stimme, die ihm befahl: *Nimm und lies*. Aller Wahrscheinlichkeit nach ist er diesem Befehl noch mit lauter Stimme nachgekommen. Laut zu lesen hatte lange ganz pragmatische Gründe: Erst im 7. Jahrhundert verbreitete sich von Irland aus die Technik, zwischen den Wörtern Abstände zu lassen. Nun erst erschlossen sich die einzelnen Worte dem Auge und die Lautspur erübrigte sich, um den Sinn zu erfassen. Mitte des 12. Jahrhunderts folgte dann eine Reihe weiterer Erfindungen, die das Lesen und das Zurechtfinden im Gelesenen enorm erleichterten: vorangestellte Inhaltsübersicht, durchnummerierte Kapiteleinteilung, Übersichten zu Beginn der Kapitel und eine komplett neue Seiteneinteilung mit Absätzen, Rändern und durchorganisierten Marginalien. Ab nun unterstützt das aufgebrochene Seitenlayout die Lese- wie die Gedächtnisarbeit.

Die von Handke beobachteten Leser wehren sich nie gegen die visuelle Zudringlichkeit. Sie sind vom Autor als Prototypen für den idealen Leseakt angelegt, bei dem der Leser so intensiv in die Lektüre versunken ist, dass er das Rundum vergisst und daher den Beobachter gar nicht registriert. Anders ergeht es in Franz Kafkas »Amerika« (1927) dem Leser am Balkon: *Es war ein junger Mann mit einem kleinen Spitzbart, an dem er beim Lesen, das er mit raschen Lippenbewegungen begleitete, ständig drehte.* Auf Karls Gruß und die rhetorisch gedachte Frage *Ich störe Sie?* antwortet der Leser wahrheitsgemäß: *Gewiß, gewiß.* Als Karl daraufhin zwar schweigt, aber seinen Beobachtungsposten nicht aufgibt, ruft ihm der um Konzentration ringende junge Mann zu: *könnten Sie sich nicht anderswo aufstellen? Ihr Herüberstarren stört mich schrecklich. Um zwei Uhr in der Nacht kann man doch schließlich verlangen, auf dem Balkon ungestört arbeiten zu können.* Das ist es, hier wird gearbeitet, nicht nur gelesen, da wollen die Zeilen mitbuchstabiert und memoriert werden, deren Sinn sich nicht mühelos oder gar lustvoll erschließt. Der Werkstudent Josef Mendel hat den exponierten Ort und die späte Stunde bewusst gewählt, um seine Lektüre ungestört voranzubringen, doch Kopf und Buch begegnen sich sichtlich nicht im richtigen Moment.

Im indiskreten Blick auf den Leser, wie ihn Handke oder Kafka praktizieren, ist auch die Suche nach Gemeinschaft enthalten. Lesen sondert zumindest vorübergehend von der Welt ab und weckt die Sehnsucht, sich mit Gleichgesinnten, also Lesern, zu verständigen oder zumindest als Gemeinschaft zu sehen. Deshalb hält Peter Bichsel auch das beliebte Umfragethema »Welches Buch würden Sie auf eine einsame Insel mitnehmen?« für völlig sinnlos. *Ich kenne auch die beiden klassischen positiven Antworten: ›Bibel‹ oder ›Blindband zum Schreiben‹. Beides liegt mir nicht fern, aber ich würde auf jene Insel kein einziges Buch mitnehmen, denn ohne tägliche menschliche Kommunikation hört sich beides auf, das Lesen und das Schreiben. Ich muß zum mindesten mitteilen können,* daß *ich gelesen habe.* Peter Bichsel scheint eindeutig nicht zu Selbstgesprächen zu neigen, was ihm das Überleben auf der Insel nicht einfach machen würde.

Robert Menasse nähert sich der Frage viel praxisorientierter. Von ihm stammt der ultimative Inselbuch-Tipp: Daniel Defoes »Robinson Crusoe«, gleichsam als Nagelprobe, ob das in Büchern gespeicherte Wissen praktisch wirksam werden kann.

Nicht zufällig eröffnet auch Alberto Manguel seine »Geschichte des Lesens« mit achtzehn Porträts von Lesenden, von Aristoteles bis Jorge Luis Borges, die über Zeit und Raum hinweg die ideelle Gemeinschaft der Leser heraufbeschwören: *Sie alle sind Leser. Ihre Gesten und Fertigkeiten, das Vergnügen, der Ernst und die Kraft, die ihnen das Lesen bieten, sind mir vertraut. Ich bin nicht allein.* In »Mein Jahr in der Niemandsbucht« interpretiert Handke, der sich mit seinen Leserporträts selbst immer wieder der Gemeinschaft der Leser versichert, genau dieses Bedürfnis nach Zusammengehörigkeit als eine Art Verrat an der notwendigen Einsamkeit des Lesens: *Er blieb mit seinem Lesen nicht für sich; war auf Gleichgesinnte aus.*

Gregor von Rezzori inszeniert in seinem Roman »Greif zur Geige, Frau Vergangenheit« (1978) eine Art Leseduell, das den Zwiespalt Leseeinsamkeit–Leser-Community darstellt. Eines Tages fällt dem jungen Ich-Erzähler, der auf dem Dach seines vierstöckigen Wohnhauses herumturnt, im Fenster gegenüber ein blasser Bursche auf, der in einem Buch liest. Tag für Tag beobachtet er ihn nun. *Bewegungslos saß er da und las, blätterte nur in regelmäßigen Abständen mit einer sparsamen Bewegung der dünnen Hand die Seiten um. Von mir nahm er nicht die geringste Notiz, hatte kaum aufgeschaut, als ich das erstemal vor ihm auftauchte.* Dieser Hochmut fordert den Jungen heraus und instinktiv tut er das einzig Richtige: Nicht mit weiteren Kletterkunststücken versucht er die Aufmerksamkeit des Burschen auf sich zu ziehen, sondern mit Büchern. Obwohl keineswegs ein leidenschaftlicher Leser, plündert er den Bücherschrank seiner Mutter und setzt dem ignoranten Leser das eigene Lesen entgegen,

und las […] sozusagen gegen den jungen Juden an, in einer stummen Messung, der er sich gar nicht stellte. Nur einmal hob er den Kopf – unheimlicherweise, als ich aus den Büchern meiner Mutter mir ganz verwegen einen Band Dostojewski geholt hatte.

›Was liest er?‹ fragte er mit dem Ansatz eines verächtlichen Lächelns auf den Lippen, ohne auch nur zu mir herzuschauen.

›Dostojewski‹, sagte ich wie beiläufig.

›Immerhin – a Fortschritt!‹ sagte er mit schneidender Ironie.

Das war alles. Nichts weiter, kein Wort, kein weiteres Zeichen der Beachtung.

Ja, das gibt es, gegeneinander anlesen. Da gilt es äußerste Konzentration zu zeigen, gleichzeitig das Gegenüber im Auge zu behalten und im Idealfall doch noch etwas vom Gelesenen aufzunehmen. Wichtig ist dabei die richtige Auswahl des Lesestoffs, der es einem leicht macht, auch bei etwas reduzierter Aufmerksamkeit ins Buch hineinzukommen. Das gilt auch für das Lesen unterwegs. Nicht alles eignet sich für die häppchenweise Lektüre zwischendurch in reizstarker Atmosphäre, die permanent versucht, die Aufmerksamkeit vom Buch abzuziehen. Andererseits ist auch ein zu starkes Eintauchen in die Lektüre zu vermeiden, schließlich will man die richtige Station nicht verpassen. Vor einiger Zeit unterzog Gerd Götzenbrucker in der »Freizeit Test«-Reihe einer österreichischen Tageszeitung das Lektüreverhalten in öffentlichen Verkehrsmitteln einer Bewertung. Aber eigentlich bewertet er nur vorgeblich Beobachtetes, realiter doch eher eigene Vorlieben oder mehr noch theoretische Vorstellungen, was die besondere *Umsteigekompatibilität* (das Wortungeheuer kommt gleich ein paar Mal vor) eines Buches ausmache. Märchen, ausgerechnet von Theodor Storm, sieht er als besonders beliebt – vergibt dann aber nur die Note 2–3, während Kurzgeschichten und Lyrik – das kann eindeutig weder auf Beobachtung noch auf Selbsterfahrung beruhen – je die Note 1 erhalten. Gedichte sind zwar in der Regel kurze Texte, aber sie erschließen sich selten so ›im Vorbeifahren‹. Eine vertrauenswürdigere Wiederholung des vielversprechenden Test-Themas *Lesepräferenz im Nahverkehr* wäre dringend angeraten. Das Rüstzeug dafür ist bei Walter Benjamin nachzulesen, der über den Zusammenhang von Leseort und Lesestoff immer wieder nachgedacht hat. *Wie die ersten Seiten eines neuen Buches nirgends besser als an fremdem Ort (in der Eisenbahn, im Coupé) sich erschließen*, tun sich die letzten Seiten hingegen *niemals so wie in der eignen Stube, am Abend auf.* Als Reiselektüre empfiehlt Benjamin Bücher, die *aus dem Anreiz ihres Umschlags, des Titels und der ersten Seiten leben*, vor allem Kriminalromane aus dem Bahnhofskiosk, *weniger aus Lesefreude als im dunklen Gefühle, etwas zu tun, was den Göttern der Eisenbahn wohlgefällt.* Für die Götter der Eisenbahn erfanden die Menschen bzw. der Philipp Reclam Verlag zu Anfang des 20. Jahrhunderts das Automatenbuch, um die Reisenden auch mit geistiger Nahrung zu versorgen. In der Frankfurter Zeitung vom 7. Juni 1931 analysiert Joseph Roth die tiefere Bedeutung dieser Form der Reiselektüre:

In den metallenen Automaten auf den Bahnsteigen stapeln sich manche Autoren in gekürzten Ausgaben, gegen den Einwurf einer Münze werden sie ausgespuckt, wie Schokoladetäfelchen und Pfefferminzplätzchen. [...] Es gibt keinen höheren Grad der Popularität. Die garantierte Unlesbarkeit eines Autors ist einfach durch die Tatsache widerlegt, daß er in den Rang einer ›Erfrischung‹ erhoben wird. [...] Es gibt ohne Zweifel eine innige Beziehung zwischen ›Reiseproviant‹ und ›Reiselektüre‹. Beides wird auf unseren Bahnhöfen im gleichen Tonfall ausgerufen. Es scheint in der menschlichen Konstitution begründet, daß sie auf Reisen des ›Zeitvertreibs‹ eher bedarf als zu Hause. Man ißt aus Langeweile, man liest aus Langeweile. Davon profitieren die Speisewagen und die Literatur.

1912 gingen die ersten dieser stummen Buchverkäufer an den Start und waren bald in vielen Bahnhöfen, aber auch auf Schiffen, in Hotels und Restaurants zu finden, in einigen Großstädten sogar an frequentierten Straßenkreuzungen. 1917 waren in Deutschland bereits an die 2.000 Automaten in Betrieb, bestückt mit 80 verschiedenen Titeln. Der Absatz war durchaus befriedigend und betrug zwischen 1913 und 1923 jährlich etwa 1 bis 1,5 Millionen Bände. Zwei der Original-Automaten haben sich im Reclam Verlag erhalten, und zum 125jährigen Jubiläum der Universal-Bibliothek 1992 wurden einige originalgetreue Nachbauten angefertigt.

Für den Leser im Zugabteil vermittelt der Blick durch's Fenster zwischen innen und außen und sorgt für optische Abwechslung, wenn die Augen vom Buch ins Weite schweifen. Wenn die Sonne lockt, lockt sie auch zum Lesen im Freien, das in der Praxis oft weniger idyllisch abläuft als auf den Bildern. *Wenn man erwägt, wie viele kleine Umstände sich ereignen müssen, um das Stillsitzen und Lesen unter freiem Himmel angenehm zu machen, so kann man sich denken, mit wie vielen kleinen Unannehmlichkeiten N[eries] und Reiser bei diesen empfindsamen Szenen kämpfen mußten: wie oft der Boden feucht war, die Ameisen an die Beine krochen, der Wind das Blatt verschlug usw.*, schreibt Karl Philipp Moritz in seinem »Anton Reiser« (1785/90). Das ist als Reflex auf die damals gängigen literarischen wie bildkünstlerischen Inszenierungen des Lesens im Freien zu lesen. Vor allem im Gefolge von Goethes »Werther«, der als ein frühes Kultbuch enorme Popularität erreichte, waren Open-air-Leseszenen in Kunst und Literatur modern geworden, mit Vorliebe in der gezähmten Natur der Gartenlaube, die über das gleichnamige Familienblatt zu einer Art Epochenbegriff mutierte. Dass in diesen Darstellungen die Natur mit Rasenbänken, Urnen oder Steinen stets das geeignete Lesemobiliar bereithält, zeigt den zur Zeitstimmung passenden Stolz auf die Beherrschung der Natur durch den Menschen. Trotz Idyllenverdacht und Unabwägbarkeiten der wehrhaften Natur in Gestalt von Spinnen, Wespen, Unwettern, punktgenauen Vogelkottreffern usw., spricht doch vieles dafür – im Idealfall ein anregendes Ambiente und eine ausreichende Versorgung mit guter Luft, was durchaus auch dem Leseakt förderlich sein kann. So war der sommerliche Lieblingsleseort Marcel Prousts eine abgelegene Haselhecke, wo nur *von Zeit zu Zeit der goldene Ton der Glocken* und sehr ferne Stimmen zu hören waren. Gedämpft in seine Abgeschiedenheit dringende Geräusche versichern den Lesenden seiner prinzipiellen Teilhabe am Weltengetümmel, dem er sich lesend vorübergehend entzieht. Auch für die Gartenliebhaberin Elizabeth von Arnim bekommt noch *das langweiligste Buch [...] so etwas wie seligmachende Gnade, wenn es im Freien gelesen wird, genau wie ein Butterbrot, das in einem Salon bar jeder Verlockung ist, unter einem Baum gegessen, Ambrosia ist.*

Abgesehen von solchen Idyllen kann Lesen im Freien nicht nur für den Leser Unbill und Risiken mit sich bringen, sondern auch für das Buch. *Manche Menschen lesen die Bücher am Strand, davon kommen die Bücher in die Hoffnung. Nach etwa ein bis zwei Wochen schwellen sie ganz dick an – nun werden sie wohl ein Broschürchen gebären, denkt man – aber es ist nichts damit, es ist nur der Sand, mit dem sie sich vollgesogen haben. Das raschelt so schön, wenn man umblättert*, schreibt Kurt Tucholsky in seiner Abhandlung »Wo lesen wir unsere Bücher?«, die auch die Lesespuren mitdenkt, die der Leseort dem Buch einschreibt.

Der Vollständigkeit halber ist noch ein anderer, durchaus intimer Leseort zu erwähnen. In der Literatur kommt er nicht nur in diesem Zusammenhang eher selten vor, aber eben doch. Henry Miller bekannte sich ebenso dazu wie Marcel Proust; Albert Paris Gütersloh baut ihn – mit vielen barocken Entschuldigungen – in seinem Roman »Sonne, Mond und Sterne« (1962) ein, und hier soll er zumindest mit einem Auschnitt aus dem Gedicht *Der Bücherfreund* von Joachim Ringelnatz präsent sein:

Wie? – ich jemals auch in Büchern lese??
Oh, sie unerhörter Ese —-
Nein, pardon! – Doch positus, ich säße
Auf dem Lokus und sie harrten
Draußen meiner Rückkehr, ach dann nur
Ja nicht länger auf mich warten.
Denn der Lokus ist bei mir ein Garten,

Den man abseits ohne Zeit und Uhr
Düngt und erntet dann Literatur.

Die Bedeutsamkeit des Leseortes ist mittlerweile auch den Verlagen bewusst geworden. Seit Jahren scheinen sie Scharen von Location Scouts zu beschäftigen. Unermüdlich sind sie unterwegs, um immer neue Orte aufzutun, wo ein literarisches Event stattfinden könnte, auf dass es auch ein Event werde, denn Literatur oder Buch allein reichen dazu nicht wirklich aus. Steht auf einer Einladung Buchpräsentation drauf, ist das oft ein irreführender Begriff, weil nicht eigentlich das Buch, sondern ein besonderer Ort präsentiert wird. Idealiter sind ihm konkrete Hinweise auf das Buch eingeschrieben. Wenn ich mich recht erinnere, fällt mein diesbezügliches Initialerlebnis ins Jahr 1985, als der damals noch existente Wiener Verlag Edition S Ernst Petz' Roman »Vom freien Fall« am Wiener Donauturm präsentierte – mit seinen 252 Metern an sich schon ein exponierter Ort und nicht ohne Bedacht gewählt. Denn es ist just dieser Donauturm, von dem sich der arbeitslose Protagonist am Ende des Romans, den Titel erfüllend, zu Tode stürzt. Das hat damals unter den Besuchern schon einen wohligen Schauer ausgelöst. Man weiß ja vorher nicht genau, mit welchem Beiprogramm der Verlag die Veranstaltung würzen wird. Ich kann mich nicht mehr erinnern, ob sich Enttäuschung breit machte, dass keine Live-Performance arrangiert war, nicht einmal ein lumpiger Bungeejumper. Kurz darauf folgte dann die Geisterbahn, wo ein Krimi präsentiert wurde. Da war der Tatort schon leicht zu erraten. Mittlerweile gehören städtische Pissoirs und Kanalnetze, Psychiatrische Anstalten, schummrige Bars, Museen oder auch einmal ein Würstelstand zum Alltag des Buchgeschäfts. Daneben sind Festsäle von Banken und Versicherungsanstalten immer zur Hand, sollen Gediegenheit und Noblesse des Verlags oder des Buches herausgestrichen werden. Eigentlich dürfte jetzt schon fast alles da gewesen sein, könnte man meinen, aber das ist nur eine willkommene Herausforderung für die Orte-Spürnasen. Immer wieder werden sie fündig, und zwar so, dass man sich zerknirscht an den Kopf greift, warum einem das nicht selbst eingefallen ist. Vom Publikumszulauf her funktioniert das Fangseil trendige Location durchaus, für das Buch selbst oft weniger – die gefundenen Räumlichkeiten verweigern sich dem Geschehen mitunter akustisch recht erfolgreich.

In den Niederungen des praktischen Lebens

Der Fleck muss weg

Schließlich glaube ich, daß das Größte, was es zu filmen gibt, Menschen sind, die lesen.
Jean-Luc Godard

Der menschlichen (Sammel)Leidenschaft sind keine Objektgrenzen gesetzt. Auf nahezu alles und jedes kann sich die Begierde des Sammlers richten, wobei prinzipiell zwei Herangehensweisen zu unterscheiden sind. Man kann Bierdeckel sammeln, um sich am Besitz als solchem zu erfreuen, oder um den Alltag mit einer ästhetischen Note zu bereichern. Und schon ist er da, der Interessenkonflikt. Benutzt man etwas aus der Sammlung jener Objekte, an denen die Leidenschaft hängt, werden Gebrauchsspuren kaum zu vermeiden sein. Ein kleines Missgeschick und das Unglück ist passiert. In der Regel wird fortgesetzter Gebrauch langfristig den Wert der Sammlung negativ beeinflussen.

So gesehen unterscheidet sich das Buch nicht von anderen Objekten, nur dass hier die innere Struktur der an der Sammelleidenschaft beteiligten Partner differenzierter ist. Sicher, auch das Buch kann als rein materiales Objekt betrachtet werden, aber für Bibliophile ist die Seinsform des Buches meist recht innig mit seiner Seele, dem Inhalt, verquickt. Der reine Büchernarr wie Gustave Flauberts bibliomaner Antiquar Giacomo stellt wohl eher die Ausnahme dar. Die 1836 entstandene Erzählung ist in deutscher Übersetzung sowohl mit dem Titel »Bibliomanie« als auch »Der Büchernarr« erschienen. Giacomo *liebte das Buch als Buch. Seinen Geruch, seinen Einband, sein Titelblatt. Was ihn an einer Handschrift fesselte, war die alte unleserliche Datierung, die wunderlichen gotischen Buchstaben, das schwere Gold auf den Miniaturen; es war der Staub auf den Seiten, sein süßer, zarter Duft, die Schlußarabeske, zwei Amoretten oder*

Rosen oder Äpfel oder Blumen. Natürlich glauben alle, *er sei ein Gelehrter oder ein Zauberer. Dabei konnte er kaum richtig lesen.* Für das Buch als Objekt ist Giacomos Bücherstube ein idealer Ort. Da er nicht daran denkt, seine Bücher als Texte zu gebrauchen, sondern sie nur als ästhetische Objekte ›liest‹, reduziert sich die Gefahr, ihnen Spuren des Gebrauchs zuzufügen, radikal.

In der Regel sind Buchbesitz und Buchgebrauch aber auch in bibliophilen Händen nicht so reinlich zu scheiden, und damit bleibt die zentrale Frage, *ob man mit dem Buch eine Liebschaft hat oder mit ihm verheiratet ist – ich wage nicht, eine dieser beiden Möglichkeiten mit dem Wort ›nur‹ zu versehen.* Rät Kurt Tucholsky im Falle einer Liebesbeziehung zu kultischer Absenz vom alltäglichen Gebrauch, so plädiert er im Falle der Lebensgemeinschaft für das Recht des Lesers und Besitzers, das Buch ohne Scheu, nach eigenem Gutdünken und Maßgabe der Bedürfnisse zu nutzen. Skrupel bleiben immer, wenn man durch eigenhändige Manipulation das perfekte Zusammenspiel stört, das sich aus dem Weiß der Seiten und den gleichmäßig dahinfließenden Schriftzeichen ergibt. Und am Vorsatzblatt oder am Ende des Buches Notizen und Verweise oder gar Pauschalurteile anzubringen, heißt ja auch, *von einem Buch hinter seinem Rücken zu sprechen* (Alberto Manguel). Doch das Laster ist weit verbreitet, auch *Schopenhauer tats*, argumentiert Tucholsky; die Bände seiner Bibliothek *sind voll von herrlichen und wetterfesten Beschimpfungen, von Ergänzungen, Marginalien und fixierten Wutausbrüchen, wenn dem Herrn Buchautor etwas schief gegangen war. Auch schrieb er in viele Bände ein Generalurteil hinein* – genau wie Montaigne.

Die Sache ist aber noch komplizierter, denn was Tucholsky hier im Konkreten meint, betrifft nur eine Ausformung der Lesespur, nämlich jene, die die Lesearbeit dokumentiert und begleitet, also Randbemerkungen, Unterstreichungen, Notizen und ähnliches. Dieser gleichsam höchsten Form der Lesespur vorgelagert ist aber eine Vielzahl von Formen nicht-intellektueller Gebrauchsschäden, die – wie der Sand zwischen den Seiten – Hinweise geben auf Leseorte und -gewohnheiten. In Antiquariatskatalogen heißt die Formel dezent *leichte Gebrauchsspuren*, die den Käufer darauf hinweist, dass der Zahn der Zeit und die Nutzungsweise der Vorbesitzer nicht spurlos am Buch vorübergegangen sind. Reste (Brösel) und Spuren (Flecken) von genossenen Speisen und Getränken etwa lassen mit einiger Sicherheit vermuten, dass bei der Lektüre die geistige Nahrung durch eine physische sinnvoll ergänzt wurde, und die Beschaulichkeit des Bildes einer solcherart verdoppelten Befriedigung legt den Gedanken nahe, beides habe gut gemundet.

Als Marie von Ebner-Eschenbach am 6. Jänner 1901 von ihrem langjährigen Hausarzt und Freund Josef Breuer ein Buch ausleiht, schickt der ein verschämtes Schreiben hinterher, denn er hat erst bei der Buchübergabe *mit Schrecken* bemerkt, *dass auf dem Umschlag irgendwelche butterbrottragenden Finger ihre Spur hinterlassen hatten! Hätte ich's früher gesehen, so hätte ich das Buch einer Benzinkur unterzogen. [...] Bitte, verzeihen Sie den fetten Fingern; ich weiß nicht, wessen sie waren; aber sicher war das Butterbrot gut, das Schuld trägt.* Herr Breuer bietet also zwei Milderungsgründe für die sichtbar unsachgemäße Behandlung seines Buches an: Zum einen stammt der unschöne Fettfleck nicht von ihm und der ›Niemand des Hausgesindes‹ ist bekanntlich schwer eruierbar; zum anderen hat die das Übel verursachende Speise zumindest gut geschmeckt. Er hätte seine Rechtfertigung nicht so diffizil anlegen müssen, denn Marie von Ebner-Eschenbach reagiert in ihrer Antwort vom 19. Jänner ganz Grande Dame. Sie rügt nicht, lässt sich auch nicht auf eine Geschmacksdiskussion der Causa Butterbrot ein – sie sieht den Fleck einfach nicht und erteilt dem unachtsamen Buchbesitzer damit die finalste aller möglichen Absolutionen: *Denken Sie, etwas sehr Merkwürdiges. Die Fettflecke auf dem Buch, das Sie mir gütigst geliehen haben, sind verschwunden.* Damit der Freund nicht auf den Gedanken kommt, Frau Baronin habe selbst Hand angelegt und sei dem Fettfleck erfolgreich mit Chemie zu Leibe gerückt, fügt sie eine mögliche Erklärung für sein rätselhaftes Verschwinden an: *Das kann gerade nur von der ausgezeichneten Luft in Löschna kommen, oder will mir die wundertätige Katharina* [deren Lebensgeschichte das Buch enthält] *ein Zeichen geben?*

So feinsinnig geht es rund um das beschmutzte Buch natürlich nicht immer zu. Friedrich Hebbel überliefert in seinem Tagebuch einen ganz anders gelagerten Fall. Auch hier geht es um etwelche Flecken in geliehenem Schrifttum, doch sie verschwinden nicht, sondern lösen ein unheilbares Zerwürfnis mit Hebbels langjähriger Gönnerin und mütterlichen Freundin, der *Doktorin Schoppe* aus. *Sie sandten mir soeben das Ihnen* neu *geliehene Exemplar Modeblätter völlig beschmutzt und verdorben* – und dies sogar ohne alle Entschuldigung – *zurück. Mit solcher Handlungsweise kann ich mich nicht vertragen und erlaube mir, Ihnen dies zu erklären. Meine Bitte an Sie geht nun dahin, mir die Ihnen geliehenen andern neuen Bücher, wovon ich kein weiteres Exemplar besitze, und wofür ich dasselbe Schicksal zu befürchten habe, sobald als möglich zurücksenden zu wollen*, schreibt Frau Schoppe in ihrem Brief vom 13. Oktober 1839, was Hebbel zutiefst kränkt. Empört weist er den Vorwurf als Verleumdung zurück und kommt mit großer Hartnäckigkeit in seinem Tagebuch und offenbar auch gegenüber gemeinsamen Bekannten immer wieder auf den Fall zurück, was wohl einiges zur Verkomplizierung der Sache beigetragen hat. Am Schluss scheint eine beträchtliche Zahl von Personen in den Konflikt eingebunden gewesen zu sein, sei es als wohlwollende Mittler oder als Hinterbringer von bösen Bemerkungen der Gegenseite. Nach außen wird nach langem hin und her der Vorfall als eine Kette von Missverständnissen abgetan, der Bruch nach innen ist nicht mehr zu kitten.

Die Bandbreite der Fleckverursacher reicht weit über das Butterbrot hinaus. Kaffee, Rotwein, Marmelade oder Gulasch – eigentlich alles Ess- und Trinkbare kann sich in kleineren und auch größeren Mengen (die Kaffeekanne, das Weinglas ist umgefallen) dem Korpus des Buches einschreiben als unbeabsichtigte Information über die Lesesituation, allfällige Nebenbeschäftigungen und möglicherweise auch den Leseort: das Kaffeehaus, der Heurige. Ein im eifrigen Umblättern zerquetschtes Insekt kann als Mumie zwischen den Seiten überdauern und lässt eine Lesesituation im Freien imaginieren. Aschenreste und Brandmale oder gar -löcher verraten, oft auch noch mit einer sanften Geruchsmarke versetzt, einen rauchenden Vorleser. Blutspuren können von plötzlichem Nasenbluten herrühren, in älteren Zeiten verwiesen Wachs- oder Petroleumspuren auf nächtliche Lektüre. Starke, durch große Mengen Flüssigkeit verursachte Wellungen des Papiers können sowohl einen plötzlichen Regenguss auf ein im Garten vergessenes Buch bedeuten als auch ein kleines Unglück bei der entspannten Lektüre in der Badewanne oder im Schwimmbad oder sie stammen gar von größeren Unglücksfällen wie Wasserrohrbrüchen und Hochwasserkatastrophen.

Für den Journalisten und Kunstkritiker Ludwig Hevesi stand nach Erstellung eines umfangreichen Katalogs der Verunreinigungsmöglichkeiten fest, dass Leihbibliotheken – gemeinhin ein besonders ergiebiges Revier für die Jagd nach Lesespuren jeder Art – *eigentlich konzessionierte Verschleißer von ansteckenden Krankheiten sind*. Dabei fehlen in seinem Schmutzkatalog noch viele der besonders ungustiösen Spuren, die Ermanno Cavazzoni in seinem albtraumartigen Bibliotheksroman »Mitternachtsabitur« (1991, dt. 1994) genussvoll sammelt und beschreibt: *Schuppen zum Beispiel! Sie wissen ja nicht, wie eklig das ist, eine Schuppendecke, als hätte es ins Buch geschneit, dazu die anderen Absonderungen der Kopfhaut; auch Haare! Sie wissen gar nicht, wie viele Haare, und erst die Körperbehaarung! Härchen aus Bärten, Schnurrbärten und Ohren landen in den Büchern; und bei jeder Lektüre kommen neue dazu, schichtweise, denn Lesen ist ein vandalischer Akt in jeder Hinsicht […] Spucketröpfchen zerknittern das Papier oder werfen es auf, wenn es sich um Husten, Niesen, Auswurf oder Lachen handelt […] Und erst die Nase!* Auch über die Nase weiß Cavazzonis leidgeprüfter Bibliothekar noch eine ganze Menge zu sagen und erspart dem Leser kaum ein Detail. H. C. Artmann hat einfach recht: *ein buch hat stets sauber zu sein ein buch ist sowas wie eine kirche und der pfarrer würde schön schimpfen wenn einer in seiner kirche fettflecke macht* – oder andere Schweinereien.

Diese prangerte schon ein früher Klassiker unter den passionierten Büchersammlern, Richard de Bury, Bischof von Durham (1287–1345), in seinem »Philobiblon« an. Der Katalog der Verunreinigungsmöglichkeiten – Winterschnupfen, Fingernägel, *Lesezeichen, die der Magen des Buches nicht verdauen kann*, Überreste von Mahlzeiten, Spuren von gepressten Blumen, gebrochene Buchrücken, Anmerkungen der *Glossatoren* – ist hier schon recht vollständig enthalten. Auch die ersten Bibliotheksordnungen sind voll von Ver- und Geboten, aus denen sich ein umfangreicher Katalog gängiger Lesersünden ablesen lässt. Benutzungsvorschriften für Klosterbibliotheken sind vielfach schon in den Ordensregeln der Mönche fixiert. Isidor von Sevilla etwa legte in seiner »Regula monachorum« fest, dass unachtsame Behandlung eines Buches als lässliche Sünde mit dreitägigem Ausschluss aus der Gemeinschaft zu bestrafen sei. Generell war bei den Textschlangen der Schriftrollen, den schwer lesbaren Handschriften und auch noch bei den gewichtigen Großformaten der Anfangszeit des Buchdrucks ein nachlässiger Umgang – genauso wie das Schnelllesen – rein technisch schwerer möglich. Mit der Verkleinerung der Formate ist die Ehrfurcht vor dem Buch nicht mehr material vermittelt. Erst durch das kleinformatigere, billigere Buch entsteht auch die Lesesituation als Pausenfüller, wobei die Pause eben oft mit physischer Rekreation in Form von Nahrungsaufnahme verbunden ist. Ab 1800, parallel mit der zunehmenden Verbreitung des Buches, erschienen daher vermehrt populär angelegte Bücher über den Umgang mit dem Buch. Sie listen auf, was alles man beim Lesen nicht tun darf und enthalten Tipps, wie man dem Buch einen minimalen Schutz angedeihen lassen kann; zum Beispiel den Schutzumschlag, in seiner durchsichtigen Form heute noch das non plus ultra präventiver Buchkonservierung öffentlicher Volksbibliotheken.

Alle diese Verhaltensregeln und Schutzmaßnahmen richten sich in erster Linie an die breite Masse der Leserschaft, denn für den Bibliophilen sind Sorgfalt und Reinlichkeit im Umgang mit dem Buch eine Selbstverständlichkeit. Auch der bibliomane Sinologe Peter Kien in Elias Canettis Roman »Die Blendung« (1936) hasst nichts mehr als schmutzige Bücher. Deshalb ist er nicht erfreut, dass ihn seine Haushälterin Therese hartnäckig bedrängt, ihr ein Buch zu leihen. Als er sie nicht länger vertrösten kann, reicht er ihr nicht ohne Schadenfreude ein besonders übel zugerichtetes Exemplar aus seiner Schulzeit – es handelt sich um Willibald Alexis' humorigen Roman »Die Hosen des Herrn von Bredow«, erschienen 1846 – mit fleckigem Einband und schmierigen Blättern. Aber wie erstaunt er, als diese einfache Frau seine ungeliebte Leihgabe mit einem Stoß von Packpapieren unterm Arm ehrfurchtsvoll entgegennimmt. *Umständlich suchte sie ein passendes aus und legte es dem Buche um, wie einem Kind ein Kleid.* Damit nicht genug, zieht sie einen zweiten Einband darüber, denn *doppelt genäht hält besser*. Kien ist zutiefst gerührt und beschämt über ihr Verhalten; instinktiv hat Therese die richtige Methode gefunden, sich in seinen Herrschaftsbereich, die Bibliothek, und damit in sein Herz einzuschleichen. Einige Tage später überrascht er sie beim Lesen, zwar am Küchentisch, dem klassischen Hort des Fettflecks, aber Therese kann so etwas nicht passieren: *Auf einem kleinen, gestickten Samtkissen lag sein Buch*, dessen Seiten sie mit Glacéhandschuhen umblättert. Als sie dann auch noch ihre Vorliebe für intensive Lektüre gesteht – sie kommt immer wieder zur Seite drei zurück –, ist es um den Professor geschehen und er macht ihr einen Heiratsantrag.

Samtkissen und Glacéhandschuhe sind beinahe genauso vielversprechende Garanten, das Buch vor Schmutzspuren zu schützen, wie der Verzicht auf die Lektüre insgesamt. Aber auch die *negative* Lesespur ist dem Buch nicht immer förderlich. *Auch Bücher erkranken an Dekubitus* (Ulrich Holbein). Vergleichsweise harmlos sind nicht aufgeschnittene Seiten, heute noch hin und wieder in antiquarisch erstandenen Büchern zu finden. Sie zeigen, dass *diese* Zeilen noch von keinem menschlichen Auge gelesen wurden, was ehrfürchtige Schauer hervorrufen mag, aber andererseits auch heißt, dass dieses Buch bisher seine Bestimmung, gelesen zu werden, verfehlt hat. Keineswegs harmlos und den Buchbesitz als solchen bedrohend sind hingegen Stockflecken, tierische Defäkationen, Pilz- und Ungezieferbefall, die Folgen und Gefahren unsachgemäßer Lagerung für Leib und Leben der Bücher demonstrieren. Nicht eigentlich als *Lese*spur zu bezeichnen sind auch jene Wunden und Male am Buch, die von seiner missbräuchlichen Verwendung Zeugnis ablegen: als interimistischer Deckel eines Marmeladentopfs oder Untersetzer einer Teekanne, als Blumenpresse, Fliegenklatsche oder zur provisorischen Tischbeinverlängerung. Diese Niederungen können zwar für das Einzelschicksal eines Buches fatale Folgen haben und verweisen auch auf ein gewisses Nahverhältnis zwischen Mensch und Buch im Alltagsleben; sie stehen aber in keinem engeren Zusammenhang mehr mit dem Verhältnis Buch und Leser.

Die intellektuelle Lesespur

Die Bücher, die wir nicht lesen, sind voller Warnungen; wir werden nie von ihnen erfahren oder sie werden zu spät kommen.

Javier Marías

Ganz ins Zentrum dieser Konfiguration hingegen gehört die intellektuelle Lesespur, die den Leseakt dokumentiert. Das beginnt bei Spuren allfälliger Lesewerkzeuge, wie sie in der Frühzeit des Lesenlernens – phylogenetisch wie ontogenetisch – verwendet werden: zumeist der das Buchstabieren unterstützende Zeigefinger(nagel). In der fortgeschritteneren Leserbiographie kann dieser – vor allem der Nagel – auch für improvisierte Unterstreichungen herangezogen werden, so wie umgekehrt die Gewohnheit des Unterstreichens als Relikt des mitlesenden Zeigefingers der Frühphase interpretierbar ist. Auch das Eselsohr ist eine Art Lesewerkzeug, wenn es seine Entstehung nicht der Unachtsamkeit verdankt, sondern mit Bedacht eingeschlagen wird, als Ersatz für nicht vorhandene mobile Lese- und Merkzeichen. Entgleitet bei der Lektüre im Bett dem Entschlummernden das Buch, können diese eingebogenen Ecken in nicht beabsichtigter Häufung auftreten. Die Alternative zum intentional applizierten Eselsohr ist das Lesezeichen, dafür kann alles benutzt werden, was gerade zur Hand ist und zwischen zwei Seiten passt: Papierschnipsel, Post- und Fahrkarten, Kranken- und Lottoscheine (sollte man erst verwenden, wenn sie schon ungültig sind). Vom Buch her gedacht schon etwas bedenklicher sind voluminösere Dinge wie Zahnstocher, Kugelschreiber, Taschenkämme oder Nagelfeilen, die für den Buchblock schwer absorbierbar sind.

Externe Hilfsmittel zum Merken von Textstellen sind – im Kampf gegen Eselsohren oder gar Einrisse – immer schon verwendet worden, auch in den Schriftrollen der Antike. Im Mittelalter benutzten die Mönche geflochtene Bändchen, wie sie heute noch in Messbüchern üblich sind, aber auch Leder- und Pergamentstreifen. Im 16. Jahrhundert begann man Lesebändchen an das Kapital, den oberen Buchrücken einzubinden. Gegen Ende des 19. Jahrhunderts setzten sich mehr und mehr Lesezeichen aus Papier durch. Zunächst häufig mit religiösen und erbaulichen Sprüchen und Motiven bedruckt, wurden sie rasch als Reklameträger entdeckt, von Verlagen und Buchhandlungen ebenso wie von buchfremden Branchen. *Von der reinen Textmarkierung wandelt sich das Lesezeichen im Laufe der Zeit selbst zum Botschaftsträger, von einem Zeichen zum Lesen ist es zu einem Zeichen geworden, das selbst gelesen werden kann*, analysiert die Medienwissenschaftlerin Heidemarie Fischer-Kesselmann, die eine kulturhistorische Lektüre der Lesezeichen empfiehlt. In der Stadtbibliothek Duisburg-Rheinhausen werden sie seit 1992 alle gesammelt, die künstlerisch ausgestalteten ebenso wie die bloßen Werbeträger, und mittlerweile sind schon an die 10.000 Stück zusammengekommen. Bei einem Rundschreiben an Prominente mit der Bitte um individuelle Exemplare fürs Archiv, erhielten die Duisburger spannende Rückmeldungen über Lesegewohnheiten: Peter Härtling sandte ein Gingko-Blatt, Sarah Kirsch ein selbst aquarelliertes Exemplar, Marcel Reich-Ranicki verweigerte sich brummig, Johannes Mario Simmel nimmt alles, was gerade zur Hand ist, und Götz George outet sich als schamloser Eselsohrkneifer.

Debatten über die Berechtigung des Lesers zu nachhaltigen Manipulationen am Buchkörper führen zu oft abstrusen Abmischungen von Pietät und Rücksichtslosigkeit im Umgang mit dem Buch. *Ich bin keine Fetischistin, aber einem Buch Eselsohren zu verpassen bringe ich nicht fertig. Ebenso wenig kann ich mich jedoch entschließen, ein Lesezeichen zu benutzen. Daher meine Gewohnheit, Bücher (ausgenommen diejenigen, die man mir geliehen hat) beherzt zu öffnen, ihren Rücken zu brechen, sie dachartig hinzulegen. Ich hasse steife Buchdeckel, die nur eine ganz knauserige Lektüre erlauben und deren tadellose*

Aneinanderreihung in Bibliotheken den Eindruck erweckt, als würden sie nicht gelesen. Das war wieder Annie François mit einem *beherzten* Plädoyer für das Buch als Gebrauchsgegenstand, den man sich radikal, nicht *knauserig* einverleiben will. Dagegen ist nichts einzuwenden. Verwunderlich ist nur die Bewertung der Verletzungsfolgen für das Buch: Das doch vergleichsweise harmlose Eselsohr, das durch Ausstreichen und Umbiegen in die Gegenrichtung zumindest in Maßen wieder heilbar ist, versus den final gebrochenen Buchrücken. Leser entwickeln tatsächlich sehr eigenartige Gewohnheiten und Rituale im Umgang mit ihrer Leidenschaft und darüber ist schwer zu diskutieren.

Das ist auch ein Aspekt der Problematik des Bücherverleihens. Die sehr individuelle Art des Buchhandlings ist Teil des Lesens und darauf muss oder soll beim ausgeliehenen Buch verzichtet werden. Da der Leser immer mit allen Sinnen am Buch ist, liest man, so Alberto Manguel, *eine bestimmte Ausgabe, ein bestimmtes Exemplar, das man an der rauhen oder glatten Beschaffenheit des Papiers erkennt, am Duft, am Riß auf Seite 72 und am Kaffeering rechts oben auf dem Rückendeckel.* Bei geborgten Büchern fällt diese Art von Nähe weg. *Ein entliehenes Buch hat niemals denselben Inhalt wie ein eigenes. Höchstens denselben Text* (Felix Pollak). Das trübt das Lesevergnügen und bereitet andererseits dem Besitzer massives Unbehagen und das aus mehreren Gründen. Dem Buch haben sich im Gebrauch Spuren eingeschrieben, die vom intimen Verhältnis Buch–Leser erzählen und einiges über den Besitzer verraten können; auch über dessen Textverständnis, woraus sich Distinktionsgewinn ziehen lässt. *Ich habe zweifellos viel besser unterstrichen als Sir Karl Popper*, behauptet der Kärntner Schriftsteller Egyd Gstättner trotzig. *Streichen wir nicht in einem Buche Stellen an, die sich unmittelbar auf uns beziehen?*, räsoniert Goethe in seiner Autobiographie und verteidigt demgegenüber die Objektivität von Blütenlesen berühmter Schriftsteller, vielleicht schon mit Seitenblick auf die posthumen Zitatausbeuten aus seinem eigenen Œuvre. Jedenfalls ist die Vorstellung, dass sich jemand über die intimen Beweggründe unserer Anstreichungen zu viel Gedanken machen könnte, irgendwie unangenehm. *Ich habe die fatale Angewohnheit, in Büchern herumzustreichen, und schätze es daher ganz und gar nicht, wenn man sich in den meinen umtut. Es sagt eben eine Menge über einen, was man in einem Buch für so wichtig hält, daß man eine Linie darunterzieht*, heißt es in Barbara Frischmuths Roman »Die Entschlüsselung« (2001), der schon im Titel andeutet, dass (Lese)Spurenlesen hier eine zentrale Rolle spielt.

Schließlich muss man das zu verborgende Buch seiner angestammten Umgebung im Regal entreißen und ungewiss ist der Zeitpunkt seiner Rückkehr. Begeisterte Leser verhalten sich sehr Besitz ergreifend und begegnen nicht selten *allen Mahnungen aus dem Alltag des Rechtslebens mit Taubheit* (Walter Benjamin). Juristische Kriterien, wo Vergesslichkeit aufhört und Vorsätzlichkeit beginnt, sind nicht einfach zu definieren. *Bücher haben Ehrgefühl. Wenn man sie verleiht, kommen sie nicht zurück*, mutmaßt Theodor Fontane. Leo Perutz spielt in seinem Roman »Zwischen neun und neun« (1918) die Folgen solch schlampigen Umgangs mit Buch-Eigentumsfragen durch, allerdings handelt es sich hier um Bibliotheksexemplare. Der Student Stanislaus Demba hat nicht nur drei wertvolle alte Bücher aus der Universitätsbibliothek geklaut, er versucht sie nach und nach beim Antiquar zu Geld zu machen. Aus purer Not, wie er versichert, und auch aus einem vagen Gefühl von Ungerechtigkeit heraus, was die Honorierung geisteswissenschaftlicher Arbeit betrifft. Entwendet hatte Demba die Bücher für eine Studie über die Idyllen des Calpurnius Siculus. Die Arbeit wurde publiziert und fand in Fachkreisen viel Beachtung. *Bezahlt wurde mir die Arbeit so, daß Kosten für Tinte, Feder und Papier gedeckt waren, und vielleicht sogar die Zigaretten, die ich während des Schreibens geraucht habe. Der Dienstbotenroman, den ich übersetzt habe, trägt mir genau das Zwölffache.* Die Welt hat für ausgleichende Gerechtigkeit nicht viel über, und die Geschichte geht für Demba schlecht aus. Der Antiquar verständigt die Polizei und Demba stürzt sich auf der Flucht zu Tode.

Im privaten Verkehr fällt schon das irgendwie kleinlich wirkende Einmahnen nicht zurückgegebener Bücher schwer. Oft steckt ja keine Absicht dahinter, sondern einfach Schlamperei, Vergesslichkeit, Gedankenlosigkeit, oder der Entlehner hat die Zeit zum Lesen noch nicht gefunden. In allen vier Fällen hat es etwas Peinliches, weil man mit dem Einmahnen automatisch eine Schwäche, ein kleines Vergehen des Gegenübers bloßstellen muss. Kann auch sein, dem Entlehner ist ein Missgeschick passiert. *Das befleckte und zerrissene Buch kommt nie zurück*, schreibt Eugenie Schwarzwald in ihrer Abhandlung über »Die Heimkehr des verlorenen Buches« (1935). Darin schlägt sie die Einführung eines offiziellen *Tages des geborgten Buches* vor, die man vielleicht mit dem 1998 von der UNESCO eingeführten »Tag des Buches« am 23. April verbinden könnte. *An diesem Tag*, so Schwarzwald, *soll sich jeder Mensch im ganzen Lande überlegen, welches ausgeliehene Buch er noch immer nicht zurückgegeben hat. An diesem Tag soll dann ein großes Packen, Adressenschreiben und Zurücksenden beginnen*, und die Post soll diese Büchersendungen zum halben Tarif befördern.

Tatsächlich rücken Eigentumsvergehen unter Buchliebhabern oft in die Nähe von Kavaliersdelikten. Von Eduard von Bauernfeld weiß man, dass er kaum ein Buch besaß, das nicht einem andern gehörte. In seinen Erinnerungen »Aus Alt- und Neu-Wien« (1873) beschreibt er *die kommunistische Anschauungsweise*, die im Freundeskreis mit Moritz von Schwind und Franz Schubert in Fragen des Eigentums *vorherrschend* war: *Hüte, Stiefel, Halsbinden, auch Röcke und sonst noch eine gewisse Gattung Kleidungsstücke, wenn sie sich nur beiläufig anpassen ließen, waren Gemeingut*, und wohl auch die Bücher. Eduard Mörike hat in seinem Gedicht an den *Herrn Bibliothekar Adelbert v. Keller* bei *verspäteter Zurücksendung einer Ausgabe des Catullus* das Corpus delicti selbst ein Plädoyer für den säumigen Entlehner halten lassen:

Da bin ich endlich! – Blicke nicht so streng, o Herr!
Wie? Oder wäre, was verlautet, wirklich wahr,
Du wärst uns ernstlich böse? Nun, so höre mich!
Zwar nahezu zwei Jährchen blieb ich aus, jedoch
Nicht schmutziger, bei meiner Ehre, komm' ich heim,
Als ich, dem Zeugnis aller Grazien gemäß,
(Die mir gleichwohl bei jeder Zeile lächelten)
Von jeher war.[…]
Darum vergib dem Manne, der so lang mich hielt
Und, hoch dich achtend, ungern dich beleidigt weiß!
Indem er herzlich danken möchte und der Schein
Des Undanks ihm das beste Wort verkümmern will,
Hat er, o glaub's! den Fehler schon genug gebüßt.

Nicht schmutziger, als ich von jeher war – das ist eine einigermaßen dehnbare Formulierung. Kommt ein Buch nach langer Absenz tatsächlich zurück, bleibt immer noch die Frage nach seinem Zustand, und der ist abhängig von den Lesegewohnheiten des Entlehners. *Wer mit dem Bleistift liest, stochert schon während des Essens […] mit dem Zahnstocher im Schlund herum. […] jedes Anstreichen beschädigt das Vakuum, auf welchem die Worte liegen und das diese zur Füllung ihrer Hohlräume und zur Einbettung ihrer Buchstaben brauchen*, so spricht der Lesepurist Ulrich Holbaum. Aus buchkonservatorischer Sicht ist bei allen dem Buch mit Bedacht eingeschriebenen Lesespuren das verwendete Werkzeug von ausschlaggebender Bedeutung. Verursacht die Flüchtigkeit des Bleistiftstrichs in der Regel keine irreparablen Schäden, verändern Tinten-, Kugelschreiber- und Markerspuren das Angesicht der Buchseiten auf Dauer. Der Schaden ist nicht wieder gut zu machen. Je nach Lesesituation und Charakter des Lesearbeiters bieten die solcherart malträtierten Seiten in alle Zukunft den Anblick eines wild chaotischen oder ebenmäßig parallelen Strichmusters mit oder ohne buchfremde(n) Randnotizen. Bei besonders ungestümer Handhabung – hervorgetan haben sich hier die unsäglich bunten Textmarker – prägen sich die Markierungen dem Buch oft über Seiten hinweg schmerzlich und sinnlos ein. Ausgefranste Tintenflecke mögen zwar heute poetischer wirken, aber das Ergebnis ist letztlich das gleiche.

Vom kommunikativen Aspekt her stellt die Unterstreichung den Keim eines vielfach verschlungenen und geschichteten Diskurses dar. Bei der erstmaligen Lektüre ist es eine intime Kommunikation zwischen Buch und Leser. Nimmt man das Buch nach Jahren wieder zur Hand, schiebt sich in dieses Zwiegespräch das damalige, die Stelle markierende Ich dazwischen, und das Buch wird wie ein kleines Tagebuch jener vergangenen Zeiten lesbar. Nicht immer ist aus dem Abstand der Jahre die Motivation der Hervorhebung noch nachvollziehbar. Voraussetzung dafür ist natürlich, dass man Bücher wiederliest, für Walter Benjamin konstitutiv für die Definition des Lesers: *Es gibt Menschen, und darunter solche, die eine ganze Bücherei besitzen, die niemals recht an ein Buch herankommen, weil sie nichts zum zweiten Mal lesen. Und doch ist es nur dann, daß man wie klopfend ein Gemäuer absucht, und stellenweise auf einen hohlen Widerhall trifft, [und] auf Schätze stößt, die der frühere Leser, der wir doch einst gewesen sind*, in den Büchern vergraben hat. Auch Ernst von Feuchtersleben, den es als Psychotherapeuten aus der ersten Hälfte des 19. Jahrhunderts längst wiederzuentdecken gälte, empfiehlt unter therapeutischem Aspekt, ein gutes Buch *nach langen Zwischenräumen wiederzulesen. Das Objekt bleibt, das Subjekt ändert sich. Manche Knöpfe gehen spät genug auf; manche Eindrücke wirken erst, nachdem ihnen Erlebnisse den Boden aufgelockert haben*. Mit Annotationen der Erstlektüre wird das ganze natürlich noch spannender. Patrick Süskind hat in seinem Essay »Amnesie in litteris« (enthalten in der Anthologie »Wenn Kopf und Buch zusammenstoßen«) eine andere Version der Wiederbegegnung thematisiert. Hier nimmt der Ich-Erzähler ein Buch zur Hand, blättert hinein, wird immer mehr vom Inhalt gefangengenommen, so sehr, dass er nicht einmal gelegentliche *Spuren eines lesenden Vorgängers*, die er in Büchern ansonsten verabscheut, als störend empfindet.

Bis ich an eine Stelle komme, die wohl den Höhepunkt der Erzählung bildet und die mir ein lautes ›Ah!‹ entlockt. ›Ah, wie gut gedacht! Wie gut gesagt!‹ […] Und automatisch fast greift meine Hand zum Bleistift, und ›du mußt dir das anstreichen‹, denke ich, ein ›Sehr gut‹ wirst du an den Rand schreiben und ein dickes Rufzeichen dahintersetzen […]

Aber ach! Als ich den Bleistift auf die Seite niedersenke, um mein ›Sehr gut!‹ hinzukritzeln, da steht dort schon ein ›Sehr gut!‹, und auch das stichworthafte Resümee, das ich notieren will, hat mein lesender Vorgänger bereits verzeichnet und er hat es in einer Handschrift getan, die mir wohlvertraut, ist, nämlich in meiner eigenen, denn der Vorgänger war niemand anders als ich selbst. Ich hatte das Buch längst gelesen.

Kann die eigene Lesespur unerwartete Begegnungen mit sich selbst oder, wie hier, mit der eigenen Vergesslichkeit auslösen, ist die Motivationsforschung von vornherein komplizierter, wenn die Annotation von einem anderen Leser stammt. Eine psychologische Auswertung dieser *kleinen Laternen* (Kurt Tucholsky) im Fließtext kann aber auch hier äußerst phantasieanregend sein. Für den Nachnutzer des Buches wirken Anstreichungen, ob er will oder nicht, lektüre- oder zumindest blicklenkend. *Besonders störend ist, daß [ich] beim Kopieren von Bibliotheksexemplaren die Marginalien und Glossen der Vorbenutzer mitkopieren muß, da sich diese in der Regel nicht wegradieren lassen. Die Besserwisser haben ihre Botschaften für die Nachwelt in dauerhafter Schrift hinterlassen. Des legendären Thomas Ballhorn eigenmächtige Zusätze sind nichts gegen solche Lesedokumente: Leser, die gegen die Autoren, für sich selbst und weitere Leser schreiben, welche wiederum für weitere Leser schreiben.* Hier outet sich der Germanist Jürgen Hein als eher humorloser Forschergeist, der kleine Ablenkungen am Rande prinzipiell nicht bereichernd empfinden kann. So spricht eindeutig kein Lese-Flaneur, sondern eher ein entfernter Verwandter jenes erwähnten Thomas Bal(l)horn, der 1586 eine so fehlerreiche Neuausgabe eines Rechtsbuches druckte, dass er als geflügeltes Wort bis heute überleben musste. Auch für den gerade die Welt der Bücher betretenden Schweißer aus Ingeborg Bachmanns gleichnamiger Erzählung geht von den fremden Annotationen eine beängstigende und verwirrende Faszination aus, die ihn überfordert. Offenere Leser wie Ingomar von Kieseritzky registrieren hingegen ein vom *Vor-Leser und Schatzsucher mit einem blauvioletten Blitz* oder ähnlichem versehenes Zitat mit abgeklärter Nonchanlance und lassen sich davon zu Mutmaßungen über den Charakter des Anstreichers inspirieren.

Eine neue Qualität erreicht der Leserkommentar, wenn er die vergleichbare Dezenz der Hervorhebung – wozu auch noch am Rand angefügte Striche und Rufzeichen zu zählen wären – überschreitet und zu aktiver Kommentierung ansetzt, was spätere Leser zu Repliken herausfordern kann. Namentlich in Bibliotheksbüchern entfaltet sich so über die Jahre ein wahrer *Kosmos der Leserkommunikation* (Joachim Güntner). Das kann durchaus belehrend sein. In einem Bibliotheksband des Romans »Die Kegelschnitte Gottes« von Bertha Eckstein-Diener (alias Sir Galahad) fand ich jüngst annotierte Illustrationen der titelgebenden vier Kegelschnitte (Kreis, Ellipse, Parabel und Hyperbel), für mathematische Laien durchaus hilfreich. Der gründliche Leser des Werkes konnte es sich auch nicht verkneifen, kleinliche Korrekturen im Text anzubringen. In einer Figurenrede etwa steht die Wendung *Nur die allergrößten Kälber liefern sich dem Metzger selber*, und der Kommentator berichtigt sorgfältig *allergrößten* durch *allerdümmsten*. Seitenverweise auf die Wiederaufnahme eines Motivs hingegen fand ich wiederum sehr nützlich und an den Rand geschriebene, zur jeweiligen Situation passende Goethe-Zitate zumindest amüsant.

Ludwig Hevesi hat in seiner systematischen Lesespuren-Recherche »Die Literatur der Randbemerkungen« (1894) den Begriff des »Schreiblesers« geprägt für all jene, die bei der Lektüre stets mit einem Schreibwerkzeug bewaffnet sind und davon auch hemmungslos Gebrauch machen. Und er hat, nach offenbar recht umfangreicher Materialsichtung in einer öffentlichen Leihbibliothek, eine Typologie des Schreiblesers entwickelt. Als unschuldigste Variante gelten ihm jene, die auf dem Titel- oder Vorsatzblatt Namen und Datumsangaben verzeichnen, wobei sich diese »Eingangsvermerke« zu Pauschalurteilen wie »Dieses Buch ist sehr schön« oder »Dieses Buch ist sehr dumm« auswachsen können. Als zweiten Typus beschreibt er den »Stellenjäger«, wobei das Wild ein «rhetorischer Hase«, der Schmetterling einer »philosophisch schillernden Phrase« oder auch jede sittlich bedenkliche Freizügigkeit im Text sein kann. Senkrechte Striche am Blattrand erweisen sich dabei für längere Passagen als rationell und können zudem wahlweise verdoppelt, verdreifacht oder mit Wellenlinien, Ausrufungszeichen, sic-Vermerken und unterschiedlicher Farbwahl nuanciert werden. So ganz gezielt muss es dabei nicht immer zugehen: Die Hand kann ausrutschen und dabei ungewollt Zickzacklinien oder Tintenflecke produzieren. Als weitere Phänotypen ortet Hevesi das Korrekturgenie, den Sprachverbesserer und den Ergänzer, wobei zwischen dem Selbstverständnis des Lesers und der Sprachrealität nicht immer Übereinstimmung herrschen muss. Als letzte und höchste Form der Leserkommunikation sind natürlich verbale Kommentare zu werten, die Lob wie Tadel umfassen, nicht selten mit einem Hang zum Oberlehrerhaften. In Hevesis Untersuchungsmaterial scheint das kritische Element überwogen zu haben, wobei die zum Teil sehr deftigen Einsprüche gegen den Text einige Rückschlüsse auf die Intelligenz der Leser – bzw. dem traditionellen Publikum der Leihbüchereien entsprechend, der Leserinnen – zulassen:

In ›Jane Eyre‹ schreibt die Verfasserin einmal: ›Wir überspringen nun zehn Jahre;‹ ich sah von zarter Damenhand dabei die Worte stehen: ›Springen Sie nur allein, ich will nicht im Handumdrehen so alt werden.‹ […] ›Die geneigte Leserin‹, dieser Ausdruck kommt in einem Karoline Pichlerschen Romane öfters vor; es war in dem Exemplar, das ich durchblätterte, jedesmal kritisiert. Das erstemal stand dabei: ›Sie halten mich wohl für bucklig?‹ Das zweitemal war ›geneigte‹ gestrichen und statt dessen ›schöne‹ beigeschrieben. In einem Romane von Clauren, wo der Leser fortwährend mit ›Du‹ angeredet wird, fand ich jedes ›Du‹ in ›Sie‹ verwandelt. […] In Daudets ›Jack‹ träumt der kleine Mohrenprinz aus Afrika von den Känguruhs seines Vaterlandes; ein Gelehrter schrieb dazu: ›Nachprüfung aus Naturgeschichte und Geographie, denn das Känguruh kommt nur in Australien vor.‹ Auf einem Belotschen Roman […] fand ich das Motto: ›Honorar zehn Jahre Zuchthaus!‹

Hevesi wertet die Summe dieser Leserkommentare als gnadenlose Rache des Publikums am Autor. *Der Leser schlägt ihn mit seinen eigenen Waffen, auf seinem eigenen Gebiete und übt blutige Rache für alles, was ihm schwarz auf weiß angetan worden. Und die Leihbibliothek ist die große Strafkolonie, wo die Bücherschreiber ihre Strafe durchleiden müssen.* Robert Walser sieht das eindeutig entspannter: *Mir macht es Spaß zu glauben, die Leser seien gleichsam die Aufpasser der Schriftsteller.* Auch Elias Canetti berichtet im ersten Band seiner Autobiographie »Die gerettete Zunge« (1977) von einem radikalen Racheakt des kleinen Elias an einem ungeliebten Autor seines Lesebuches: *Walter Scott, den ich nicht leiden mochte, wollte ich entfernen und begann ihn mit Tinte zu überschmieren.* Canetti vollendet seine *Vernichtungsarbeit* allerdings nicht, weil ihn das Argument der Mutter überzeugt, der tote Dichter könne sich nicht dagegen wehren. Diese Lehre mag zu den Schuldgefühlen beigetragen haben, die Canetti wegen der Zerstörung von Kiens Bibliothek am Schluss seines Romans »Die Blendung« (1936) quälten. *Die Verbrennung der Bücher war etwas, das ich mir nicht vergeben konnte. […] Mir war zumute, nicht nur als hätte ich meine eigenen Bücher geopfert, sondern auch die der ganzen Welt, denn in der Bibliothek des Sinologen war alles enthalten, was für die Welt von Bedeutung war, die Bücher aller Religionen, die aller Denker, die der östlichen Literaturen insgesamt […] Das alles war niedergebrannt, ich hatte es geschehen lassen, ohne auch nur einen Versuch zu machen, etwas davon zu retten, und zu-*

rück blieb eine Wüste, es gab nun nichts mehr als Wüste und ich selbst war an ihr schuld, schreibt Canetti zu Beginn des dritten Bandes seiner Autobiographie »Das Augenspiel« (1985). Was dabei passiert, ist für Canettis Umgang mit Büchern, Dingen und Menschen nicht untypisch. In seiner Zerknirschung vergisst er völlig, dass nicht nur die Bibliothek verbrannte, sondern – wie auf Alfred Kubins Titelbild zur Erstausgabe zu sehen – auch ihr Besitzer Peter Kien. Gerade für diesen leidenschaftlichen Büchersammler hätte eigentlich Canettis eigene Definition gelten müssen, dass der Mensch selber die Bibliothek ist; doch Kien wird mit keinem Wort in die Trauer einbezogen. Wie es sich für einen Büchermenschen gehört, findet Canetti die Rettung aus der Krise in einem Buch, das deutet schon die Kapitelüberschrift *Büchner in der Wüste* an.

Solche Skrupel quälen nicht alle Leser, zumal nicht jene, die ihrerseits mit Pflichtlektüren gequält werden, zum Beispiel mit den gelben Reclam-Klassikern. Das Kölner »Museum für Gedankenloses« sammelt seit einigen Jahren die schönsten Reclam-Kritzel-Bände. Darunter finden sich optisch mitunter durchaus künstlerisch gestaltete Sternstunden juveniler Phantasie wie *Gottfried ist im Keller: aus Kleidern machet Beutel!, Nathan der Weisenknabe, Kotz von Berlichingen, Kaba und Liebe* oder *Ich lach' mich ins Fäustchen.* Wie harmlos diese kleinen Leser-Racheakte sind, zeigt Stephen Kings gar nicht harmloser Roman »Sie« (1987), in dem eine unzufriedene Leserin *ihren* Autor entführt und mit grausamsten Verstümmelungsritualen dazu zwingt, ihr genehme Geschichten zu produzieren.

Setzt Hevesis Randnotizenrecherche am unteren Skalenende des Segmentes *intellektuelle Lesespur* an, heben sich davon andere Kommunikationsformen im Marginaliendialog Buch–Leser–Leser, was Anspruch, Niveau und Intention betrifft, deutlich ab. Da wäre zunächst das weite Feld der wissenschaftlichen Lektüren, wo von Lesern annotierte Literaturtipps, diskursive Verweise oder auch Zusatzinformationen durchaus anregend und das Buch bereichernd wirksam werden. *Die Randbemerkungen der Leser in den Büchern, die man ausleihen konnte, haben immer wieder neue Zusatzmarginalien provoziert, so daß sich nicht nur eine Begegnungskette gebildet hatte, sondern mit dem Bleistiftgekritzel am Rand, mit den Notizen zu den Notizen zu den Notizen zum Inhalt ist ein eigenes Buch entstanden, das von den Lesern geschrieben worden war, oft interessanter und lehrreicher als die akademische Urschrift, die als Anregung und Anreiz immerhin eine Aufgabe erfüllen konnte*, lässt Bernhard Hüttenegger eine Figur seines Romans »Reise über das Eis« (1979) im Kapitel *Das Begegnungsspiel* erzählen. Die Marginalie im engeren Sinn, scheint heute keineswegs im Vormarsch begriffen. *Wir nehmen Unterstreichungen vor (vor allem, wenn wir Studenten sind oder Buchkritiker)*, so George Steiner, manchmal *kritzeln wir auch eine Notiz an den Rand. Aber wie wenige von uns schreiben Marginalien im Sinne von Erasmus oder Coleridge, wie wenige von uns verfassen, rigoros und ausschweifend zugleich, wirkliche Anmerkungen. Heute nehmen nur noch der ausgebildete Epigraphiker, der Bibliograph oder der Textkritiker Emendationen vor, das heißt: sie sind die einzigen, die dem Text als etwas Lebendig-Präsentem begegnen, dessen Fortbestand, dessen Vitalität und dessen Ausstrahlung als ›Wesen‹ von einem Leser abhängen, der sich aktiv mit ihm auseinandersetzt, mit ihm zusammenarbeitet.* Definiert man als Ziel der Bibliothek nicht die Ansammlung von Büchern, sondern die Ansammlung von Wissen, erhält das einzelne Buch eine andere Rollenzuschreibung. Bereits 1556 entwickelt der Arzt und Naturforscher Konrad Gessner im Dienste der Wissensakkumulation ein Verfahren des cut and paste, das vor Büchern keineswegs halt macht. Damit man sich die Mühe des Abschreibens erspare, empfiehlt er schon vorliegende Exzerptsammlungen oder Bücher einfach zu zerschneiden. Für Aby Warburg inkludierte die Arbeit mit dem Buch ganz selbstverständlich auch die Arbeit ›am Buch‹: Er zerlegte Bücher, ordnete die Teile neuen Bereichen zu, fügte umfängliche Ergänzungen ein – auch in Form eingeklebter Zettelkonvolute –, und wenn er ein Buch verlieh, erwartete er bei der Retournierung einen ergänzenden Kommentar. Wenn Tucholsky im Verhältnis zum Buch zwischen Liebe und Ehe unterschied, ist Warburgs Archiv das beeindruckende Resultat einer produktiven Lebensgemeinschaft.

Geistige Begegnung ist auch das Schlüsselwort, wenn der Leserkommentar intentional einem gefühlsreichen, nicht selten erotisch konnotierten Dialog konkreter Personen eingeschrieben ist. In Adalbert Stifters »Nachsommer« (1857) bekommt Gustav von seiner Mutter Goethes Werke geschenkt, nicht eine bibliophil ausgestattete Ausgabe, sondern ihre ganz persönliche, versehen mit den Spuren ihrer jahrelangen Lese- und Gedankenarbeit. *Ich dachte, sie könnten dir lieber sein, wenn du außer dem Inhalte die Hand deiner Mutter daran fändest, als etwa nur die des Buchbinders oder Druckers.* Die *mit einem feinen Bleistifte* vorgenommenen Unterstreichungen und *mit demselben feingespitzten Stifte* an den Rand geschriebenen Worte machen aus dem massenhaft verbreiteten Druckerzeugnis ein Unikat. Goethes von der Mutter annotierte Werke in den Händen des Sohnes eröffnen einen über den Tod der Mutter hinaus fortsetzbaren Dialog, *ein Band* zwischen Mutter und Sohn, das eine permanente intime Begegnung ermöglicht. *Die Begegnung* ist auch der Titel des Kapitels, in dem die Buchübergabe platziert ist. Über das Buch verkehren die Seelen auch in Robert Musils »Der Mann ohne Eigenschaften«. Als General Stumm von Bordwehr in die Staatsbibliothek *eindringt* und *Erfahrungen über Bibliothekare, Bibliotheksdiener und geistige Ordnung* sammelt, beginnt auch ein Seelendialog der besonderen Art. Bei der zufälligen Erwähnung ihres Namens errät der Bibliothekar des Generals Interesse und bringt ihm unaufgefordert die von Diotima reservierten Bücher herbei. *[...] und wenn ich jetzt in die Bibliothek komme, ist das geradezu wie eine heimliche geistige Hochzeit, und hie und da mach ich vorsichtig mit dem Blei an den Rand einer Seite ein Zeichen oder ein Wort und weiß, daß sie es am nächsten Tag finden wird, ohne eine Ahnung zu haben, wer da in ihrem Kopf drinnen ist, wenn sie darüber nachdenkt, was das heißen soll!*

Als Mittel des intimen zwischenmenschlichen Kontakts erhält die Randbemerkung eine besondere Zelebrität. Stammt sie gar von der Hand – ja sogar aus der bleibende Spuren hinterlassenden Feder – einer nachmals berühmten Persönlichkeit, kann sie sich als Kostbarkeit entpuppen. An sich wenig bemerkenswerte Ausgaben werden dann – wie in Peter Marginters Roman »Der Baron und die Fische« (1980) – *durch schwer zu entziffernde und unverständliche handschriftliche Anmerkungen, die in altersbrauner Tinte am Rand der Blätter das ganze Buch* durchziehen, zu einer bibliophilen Rarität. *Tu exagères toujours tout*, lautet eine Randnotiz Voltaires in einem Buch Jean Jacques Rousseaus – ein bündiger Kommentar zum Verhältnis der beiden Autoren. Mit Akribie werden Bibliotheken aus Schriftstellernachlässen auf Lesespuren und -kommentare hin untersucht. Aus den Gebrauchsspuren können sich Rückschlüsse auf das Lektüreverhalten ergeben und damit Hinweise auf Beziehungen, Einflüsse und Vorbilder. Für die Literaturwissenschaft ist es interessant zu erfahren, dass Franz Kafka Max Brods »Tagebuch in Versen« nur oberflächlich durchgeblättert haben kann, da zahlreiche Seiten unaufgeschnitten blieben, welche Stellen in seinem Exemplar von Leo Tolstois Tagebuch markiert sind, oder welche Bände Hermann Broch mit Notizen, Randbemerkungen und Unterstreichungen versehen hat. Mitunter geraten solch analytische Einblicken in die Leserbiographie auch in die Nähe des bloßen Voyeurismus. In ihrem Roman »Gar schöne Spiele« (1998), thematisiert Adelheid Dahimène eigentlich die Veränderungen der Schreibsituation durch den Computer. Gerade dieser Medienwechsel bewirkt aber auch eine gesteigerte Zelebrität von Schriftzeugnissen aus Autorenhand – und das kann auch eine hingekritzelte Randbemerkung sein:

Wissen Sie, ich bin so eine Art Blutsauger. […] ich wäre ganz scharf auf etwas noch Unveröffentlichtes von Ihnen, verstehen und entschuldigen Sie, das Jungfräuliche aus erster Hand, ein Manuskript mit an den Rand gekritzelten Anmerkungen und

Korrekturen, dem Rotweinfleck, der sich durch die Seite näßt bis zu einem blaßrosa Abdruck auf dem folgenden Blatt, das Ausbläuende einer leergeschriebenen Kugelschreibermine mitten im Wort, das daraufhin mit einem schwarzen Fine-Liner weitergeformt wird und fühlt dabei den warmen Handballen auf dem Papier sich weiterschieben und wenn man daran riecht, duftet es nach dem eingesunkenen Rauch von filterlosen Zigaretten [...] Verdammter Feteschist [!] sage ich in sein schwärmendes Gesicht hinein. Warum wühlen Sie nicht gleich im Schmutzwäschekorb oder schöpfen das Badewasser ab zur intimen Kontaktaufnahme aus zweiter Hand?

Auch wenn es dem Bewunderer der Autorin hier um authentische, handschriftliche Zeugnisse ihrer Schreibtätigkeit geht, gelten beide Aspekte – Zelebrität und Indiskretion – in gleicher Weise für jene der Lesetätigkeit. Bei der Lesespur als Liebesbotschaft oder Dichter-Preziose schlägt der Aspekt der unlauteren Manipulation des »Schreiblesers« am Buchkorpus eindeutig um in einen positiven Wert. Das trifft auch dort zu, wo das Buch als Staffage im Dienste der Prestige-Inszenierung fungiert. Dem wohlsortierten Regal voll unberührter Bücher, vielleicht gar nach Kilopreis gekauft oder um ihrer homogenen Rückengestaltung willen, fehlt die unabdingbare intellektuelle Note. Flann O'Brien hat dieses Manko in den Bücherwänden *analphabetischer, aber wohlhabender Emporkömmlinge* entdeckt und umgehend »Trost und Rat« (1968, dt. 1985) entwickelt. Er erfindet das Service der professionellen *Buchhandhabung*. Abgestuft nach Tarifklassen werden von sachkundiger Hand Lesespuren angebracht: Eselsohren (4 Eselsohren 1 Penny), Anstreichungen, Rufzeichen, unauffällig verteilte Lesezeichen, die Weitgereistheit und Nonchalance des Eigentümers im Umgang mit kleinen aber feinen Erinnerungsstücken nachweisen. Die höchste Form der intellektuellen Lesespur, die Randnotiz – eine Liste von Formulierungen wird zur Auswahl beigelegt – ist allerdings vergleichsweise teuer und nur Bestandteil der Buchhandhabung Marke »superbe«. Der

Vetter Leo aus Anatoli Marienhofs »Roman mit Freunden« (1988, dt. 1993) hätte diese Dienstleistung gut gebrauchen können. Als Leo Millionär wird, kauft er sich ein großes Haus und beginnt es einzurichten. Für das Arbeitszimmer will er natürlich eine solide Bibliothek und er ersucht seinen Vetter, ihm eine Liste von *tausend schönen Büchern* zusammenzustellen.

Das tat ich also und setzte obenan das sechsundachtzigbändige ›Enzyklopädische Wörterbuch‹ von Brockhaus und Efron. Vor der Abreise ging ich zu ihm, um mich zu verabschieden. Ohne mich den Mantel ablegen zu lassen, führte er mich triumphierend schnurstracks ins Arbeitszimmer. O Schreck! Weil ihm die goldenen Buchrücken von Brockhaus und Efron so gut gefielen, hatte mein frischgebackener Millionär gleich vier Sätze des ›Enzyklopädischen Wörterbuchs‹ gekauft. Die lange Wand des riesigen Arbeitszimmers glänzte von Gold. Der Millionär war begeistert.

Wer geneigt ist, das als literarische Erfindung abzutun, kann bei Alberto Manguel einen realen Fall nachlesen. Er berichtet von der unbenutzten Bibliothek seines Vaters, der seine Sekretärin mit der Bestückung beauftragt hatte. Die Dame kaufte die Bücher nach Metern und ließ sie beim Buchbinder passend zur Höhe der Regalfächer binden, *so daß manchmal nicht nur die Kolumnen, sondern auch die ersten Zeilen der Seiten abgeschnitten waren.*

Ähnlich gravierend wie dieses Köpfen der Bücher ist die Buchschändung durch Herausreißen oder -schneiden von Teilen des Buchkörpers. Georg Ruppelt listet eine ganze Reihe von Fällen auf, die im Lauf der Jahrhunderte aktenkundig und zum Teil auch in Gerichtsprozessen abgehandelt wurden. *Wenn er las, pflegte er die Seiten, die ihm nicht gefielen, aus dem Buch herauszureißen und stellte auf diese Weise eine persönliche Bibliothek ausgeweideter Bücher mit losen Einbänden zusammen*, berichtet Chateaubriand von den Lesegewohnheiten des Moralisten Joseph Joubert. Genauso geht Gesualdo Bufalinos manischer Zitatenjäger, der »Ingenieur von Babel« (1986, dt. 1989), zu Werke: Mit der Schere schneidet er seine Fundstücke heraus, eine eher plumpe Vorgangsweise, die ihm entsprechend rasch seinen Job als Bibliothekar kostet. Arno Schmidt hingegen schildert in seinem Roman »Das steinerne Herz« (1956) eine perfekte Buchfledderei in der Deutschen Staatsbibliothek in Ost-Berlin: Mit technologisch simplen, aber effektiven Methoden – Rasierklinge, Uhu, präpariertes Ersatzvorsatzblatt – werden hier Titelblätter ausgetauscht und so ein Unikat unter Zurücklassung eines wertlosen Nachdrucks in den Westen geschmuggelt.

Die Grenze zwischen Bibliophilie und Bibliomanie ist fließend, und das Thema Beschaffungskriminalität ein weites Feld. Das begann historisch schon mit der offiziellen Beschaffungspolitik der Bibliothek von Alexandria, die bis zum gewaltsamen Raub der Schriftrollen aus den im Hafen liegenden Schiffen reichte. Es war Papst Innozenz VIII., der den Kirchenbann über Bücherdiebe verhängte. Die Reihe der moralisch zwielichtigen Bibliomanen ist lang, in der Literatur wie in der Geschichte. Als klassisches Schreckbild der Bücherwut gilt der ehemalige Mönch Don Vincente, der in Barcelona mit gestohlenen Exemplaren aus der Klosterbibliothek ein Antiquariat eröffnete und für den Besitz von Unikaten über Jahre hinweg Buchsammel-Konkurrenten mordete. Die Berichte über Don Vincentes Prozess und seine Hinrichtung im Jahr 1836 inspirierten Gustave Flaubert zu seiner noch im selben Jahr erschienenen Novelle »Der Büchernarr«. Klaas Huizing setzte vor kurzem einem anderen legendären Mörder aus Buchleidenschaft ein literarisches Denkmal. Sein Roman »Der Buchtrinker« (1994) zeichnet zwischen launigen Zitat-»Teppichen« zum Thema Buchkultur die Lebensgeschichte des 1764 geborenen sächsischen Pfarrers und Buchliebhabers Johann Georg Tinius nach, der ebenfalls vor Raub und Mord im Interesse seiner Sammlungsvergrößerung nicht zurückschreckte. Niederträchtig ist auch der Fall des 1803 geborenen italienischen Grafen Guglielmo Libri, der sich ab 1841 als Sekretär einer Bibliothekskommission, die alle Handschriften in französischen

Bibliotheken katalogisieren sollte, eine erlesene Bibliothek zusammenstahl. Nach seiner Entdeckung floh er mit achtzehn Bücherkisten nach London und lebte hinfort vom Verkauf seiner Beutestücke. Die höhere Gerechtigkeit holte ihn allerdings noch im Diesseits ein, und er starb verarmt in Italien.

Doch das sind Grenzfälle der Bücherliebe, eindeutig die Ausnahme von der Regel der sympathischen Buchfreunde. Die sind mitunter ein wenig schrullig, aber gänzlich harmlos, wie der Schriftsteller Trellis aus Flann O'Briens »In Schwimmen-Zwei-Vögel« (1939, dt. 1966). Er liest nur Bücher mit grünem Einband, da er alle anderen Farben als Symbole des Bösen betrachtet. *Obgleich er ein Mann von vielseitiger Bildung und Gelehrsamkeit war, führte diese willkürlich gezogene Richtlinie denn doch zu ernsten Klüften in seiner Belesenheit.* Denn die Londoner Verleger schätzten die grüne Farbe nicht sehr, außer für Lehrbücher und Abhandlungen über Laubsägearbeiten und Kochen; die Dubliner Verleger wiederum verwendeten grüne Einbände vor allem für die Bereiche irische Geschichte und Altertümer, und so wird Trellis zu einer Autorität auf diesen Gebieten.

Wohnen mit Büchern

Wer bereits auf Erden die Qualen der Hölle kennen lernen möchte, der verkaufe seine Bibliothek!

Alexander von Humboldt

Leben mit Büchern ist nicht risikofrei. Zahlreich sind die Gefahren der Bücherleidenschaft für Haus (Feuer) und Heim (Wohnraumknappheit) und Seelenheil (Diebstahl und andere Unlauterkeiten bei der Buchbeschaffung). Dazu kommt ein erhöhtes Gesundheitsrisiko für Büchermenschen aufgrund ihrer besonderen Neigung zu sitzender Lebensweise – mitunter noch verbunden mit lasterhaften Passionen wie Naschen, Trinken oder Rauchen –, der permanenten Überbeanspruchung des Gesichtssinns und der negativen raumklimatischen Auswirkungen der Buchstaubpartikel. Übertroffen werden diese Gesundheitsrisiken mittlerweile allerdings eindeutig von jenen, die von der permanenten Bildschirmtätigkeit ausgehen. Nur der Buchwelt eigen ist hingegen der Sturz von der Leiter. Laut Gottfried Rost kennt die Geschichte nur drei Fälle, bei denen der Leitersturz eines Bibliothekars tödliche Folgen hatte, eigenartigerweise ereigneten sich alle drei in Sachsen. In der Regel sind es mehr oder minder harmlose Unfälle, deren Verlauf auch einiges über die unterschiedliche Auffassung von Pflichterfüllung verrät. Grillparzer zum Beispiel fiel im April 1832 im Wiener Hofkammerarchiv *von einer fünf Klafter hohen Leiter mit einem 50 Pfund schweren Aktenfaszikel in die Tiefe; es geschah ihm nichts, da er das schwere Aktenpaket rechtzeitig fallen ließ*. Friedrich Adolf Ebert, Bibliothekar der Königlichen Bibliothek Dresden, ließ die Bücher nicht fallen und wurde so zu einem der drei letalen Fälle der Bibliotheksgeschichte. Gut möglich, dass auch Grillparzer anders reagiert hätte, wären Bücher und nicht Aktenstöße in seinen Händen gewesen.

Schon sehr früh, als Buchbesitz in Marktangebot und Investitionskosten noch eine natürliche Beschränkung fand, wurden die spezifischen Gefahren für Leib und Leben bildthematisch fixiert: »Der Tod und der Bücherfreund«, über dem erbarmungslos das Bücherregal zusammenfällt. Vor sich auf dem Tisch mit dem Lesepult noch das für weitere Leseabenteuer gezückte Papiermesser (damals mussten den Büchern ihre Geheimnisse noch physisch abgerungen werden), duckt sich der Leser ängstlich vor der bedrohlichen Phalanx der Bücher, die dem stürzenden Regal entquellen. Eine Vision, die jeden Lesesüchtigen hin und wieder vor den eigenen Bücherwänden erschauern lässt. Beruhigend nur, dass man auf diesem Stich von Johann Rudolf Schellenberg aus dem Jahr 1785 ganz genau sieht, dass der Tod hinter dem Regal heimtückisch anschiebt. Das hat man immer schon vermutet, von den Büchern selbst kann das nicht kommen. Trotzdem natürlich betrüblich, dass sie sich so willig zum Mordwerkzeug missbrauchen lassen. Aber wer weiß, was für Bücher sich in dem umkippenden Regal hinter dem Vorhang verbargen. Obwohl in der ikonographischen Tradition die Titel abgebildeter Bücher häufig lesbar sind, verhüllen sie hier schamhaft ihre wahren Namen. Vielleicht ist das stürzende Regal aber auch mehr symbolisch zu verstehen und der Buchliebhaber erlag in Wirklichkeit einer Lungenentzündung. Die auf dem recht unbequem wirkenden Stuhl liegende Decke lässt vermuten, dass die Studierstube ungeheizt und kalt ist. Dass ein im Bildvordergrund aufgeschlagen am Boden liegendes Buch die Abbildung eines wohlige Wärme verbreitenden Kachelofens zeigt, könnte als halluzinative Wunschvorstellung des fiebernden Lesers interpretiert werden. Gottfried Rost berichtet allerdings von einem realen Fall: Der 1813 geborene Komponist und Pianist Charles Valentin Alcant wurde tatsächlich von einem stürzenden Bücherregal erschlagen. Die Vorstellung vom Buch als Mordwerkzeug, die in jüngster Zeit wieder auflebte, in Umberto Ecos »Der Name der Rose« (1980, dt. 1982) ebenso wie in Peter Greenaways Film »Der Koch, der Dieb, seine Frau und ihr Liebhaber« (1989), aber auch schon in Leo Perutz' Roman »Der Meister des jüngsten Tages« (1922), kann jedenfalls auf eine sehr lange Tradition zurückblicken.

Von Büchern indizierte Unglücksfälle gehen oft besonders verschlungene Wege. *Es begann mit Lesezeichen, die aus Büchern rutschten*, titelte vor kurzem eine österreichische Tageszeitung auf der Chronikseite, und Tathergang wie Tatfolgen sind tatsächlich bemerkenswert. Eine als *Hausfrau* bezeichnete Akteurin wollte gestocktes Speiseöl auf dem Elektroherd durch Erwärmen wieder flüssig machen. Inzwischen ging sie ins Schlafzimmer, um die Betten *aufzuschütteln*. Dabei fielen ein paar Bücher vom Nachtkästchen zu Boden. *So nahm das Unglück seinen Lauf.* Denn aus den Büchern waren Lesezeichen gefallen. Also musste die Frau, in den Büchern blätternd, die zugehörigen Stellen wieder suchen. Inzwischen begann es in der Küche zu brennen, was ihr, vertieft in die Bücher, erst auffiel, als es *hinter der Milchglasscheibe der Schlafzimmertür dunkel wurde, weil es bereits qualmte*. Die Küche brannte aus, die Feuerwehr rettete den Rest der Wohnung (also auch die Bücher im Schlafzimmer), und die Haushaltsversicherung zahlte nicht. Der Oberste Gerichtshof gab ihr Recht. Es sei als *grobe Fahrlässigkeit* zu werten, *sich* ohne jede Notwendigkeit *so lang im Schlafzimmer aufzuhalten und durch eine* belanglose *Tätigkeit ablenken zu lassen, bis sich das Öl selbst entzünden konnte*. So lautet die offizielle Einschätzung des Obersten Gerichtshofes, und das muss man nicht unbedingt als finalen hochrichterlichen Kommentar zum Thema Buch und Lesen interpretieren.

Bücherliebhabern fällt zum Thema Wohnen mit Büchern vor der Brandkatastrophe aber zumeist das Mengenproblem ein. Eine Buchsammlung ist immer *das Resultat einer Kettenreaktion, die von dem ersten Band, den man ersteht, ausgelöst wird* (Felix Pollak).

Darüber klagte schon vor mehr als 600 Jahren Francesco Petrarca. Unter dem Titel »De Librorum Copia / Von der Bücherfülle« lässt er Freude und Vernunft miteinander räsonieren und das Match geht eher unentschieden aus: *Freude: Eine Unmenge*

Bücher habe ich. / Vernunft: Damit auch eine Unmenge Arbeit und Mangel an Ruhe. Auch wenn Petrarca dabei mehr die intellektuelle Unruhe meint – *hierhin und dorthin muß sich der Geist im Kreise drehen, bald mit diesem, bald mit jenem muß sich das Gedächtnis belasten* –, ist es doch wert daran zu erinnern, dass die Klage über das Zuviel der Bücher schon lange vor dem mengenmäßigen Quantensprung in der Buchherstellung durch die Erfindung des Buchdrucks Thema war. Es wurde dringlicher, als die verbesserten Produktionsmöglichkeiten und die Ausweitung der Lesefähigkeit im 18. Jahrhundert die Lesegewohnheiten revolutionierten. Aus intensiver Lektüre – das wiederholte Lesen eines (zumeist religiösen) Textes – wird nach und nach eine extensive, die ständig neue Lesestoffe anpeilt. Hier soll es aber nur um die praktische Seite der wunderbaren Buchvermehrung im Leserhaushalt gehen. *Für Bücher gilt dasselbe wie für alle Dinge, deren Zahl ein erträgliches und beherrschbares Maß überschreitet: seien es nun die Autos auf der Straße, die Schuhe im Schuhschrank oder Sterne am Himmel. Sie werden von Freunden, die wir mit Blicken liebkosen, zu Feinden, die versuchen, uns unter sich zu begraben.* So lautet Ivan Klímas Schlussfolgerung in seinem Beitrag »Das Buch – Freund und Feind«, nachzulesen im bibliophilen »BuchBilderBuch« von Quint Buchholz, das in ihrem Bücherregal keinesfalls fehlen sollte.

Da über Lesern aus Leidenschaft immer auch die Potenzialität des selber Schreibens hängt, gibt es viele schöne Metaphern, die diesen Aspekt umkreisen. Bücherlust und Bücherlast waren immer schon beliebte Themen für anregendes Feuilleton-Geplauder. Die's betrifft, wissen diese buchreflexiven Gedankenschlenker durchaus zu schätzen. Da ist die Rede vom *bedrängenden optischen Ansturm einer Bücherarmada* (Silvia Bovenschen), von ihrer irreversiblen Tendenz, sich unausgesetzt zu vermehren (Ulrich Holbein), Wohnungen zu überwuchern, Türen, Betten und Fenster zuzumauern (Gregor von Rezzori). Und dennoch: *Wenn die Bibliothek wächst, Regale sprengt, Mauern hinanklettert, als Bücherpfütze sich auf dem Boden verbreitet und alle Wände pilzig überzieht, freut sich der bessere Mensch. Je mehr des Papierenen seine Seele atmet, desto gesunder fühlt sie sich, stärker, Gott näher*, seufzt Alfred Polgar.

Tendenziell unmöglich ist es, ihrer Vermehrung zu wehren oder gar sich ihrer zu entledigen. Wer beschreibt die inneren Kämpfe, soll doch einmal ein ganz und gar ungeliebtes, unnötiges Exemplar, das man auch wirklich gar niemandem schenken möchte, im Altpapier versteckt werden! Eine sympathische Initiative hat 2001, am internationalen Tag des Buches, der Amerikaner Rom Hornbaker gestartet. Unter dem Motto *Regalhaltung von Taschenbüchern ist Literaturquälerei* setzen die Teilnehmer von »Bookcrossing.com« markierte Bücher an wohlgeschützten Orten frei, die nicht selten auch einen inhaltlichen Bezug zum Buch haben. Angeblich soll jüngst Thomas Bernhards »Wittgensteins Neffe« auf einem abgewetzten Sitzpolster im Wiener Café Bräunerhof zu finden gewesen sein, und die »Alten Meister« im Kunsthistorischen Museum. Die glücklichen Finder können sich, so sie Lust dazu haben, anonym in der Community melden und ihre Leseerfahrungen mitteilen. Die Bookcrossing-Bewegung umfasst mittlerweile an die 200.000 Mitglieder und ist ein schönes Beispiel, wie sich Internet und Buchkultur in beiderlei Interesse verschränken lassen.

Erfunden hat die Idee des Bücher-Freisetzens allerdings schon Alfred Polgar: *Bücher auf gute Art loszuwerden ist ein schwieriges Problem [...] Manchmal vergesse ich eines absichtlich in der Straßenbahn. Oder auf einer Bank im Stadtpark. Lieber im Stadtpark. Eine schnöde Handlung, nicht? Mir ist auch immer ein bißchen flau dabei zumute. Als beginge ich eine Sünde wider den Geist, auch wenn keiner in dem Buch beschäftigt erschien*, sagt der alte Universitätsprofessor in Polgars Skizze »Dilemma mit Büchern« (1954), dem das Organisationsmedium Internet noch nicht zur Verfügung stand. Das ist es: Will man sich eines Buches entledigen, zählt zunächst der Inhalt bei der Auswahl des Opfers; im Moment der wirklichen Trennung überwiegt dann aber die Gestalt *Buch*, an der das beinahe geopferte genauso

Anteil hat wie das Grüppchen der absoluten Lieblings- und Lebensbücher.

Ein Mensch, von Büchern hart bedrängt,
An die er lang sein Herz gehängt,
Beschließt voll Tatkraft, sich zu wehren,
Eh sie kaninchenhaft sich mehren.

So beginnt das große Reinemachen und Ausmustern der Bücherregale, und so endet es:

Kurzum ein Schmöker nach dem andern
Darf wieder auf die Bretter wandern.
Der Mensch, der so mit halben Taten
Beinah schon hätt den Geist verraten,
Ist nun getröstet und erheitert,
Daß die Entrümplung ist gescheitert.

Unverkennbar Eugen Roth. Man muss ihn nicht lieben, aber hier hat er einfach recht. Und sollte am Ende der Aktion doch einmal ein kleiner Stoß übrigbleiben, den man nun wirklich weggibt – verschenkt, ins Antiquariat trägt oder was immer – jede Wette, dass man genau eines dieser Bücher, das zuvor jahrelang unbenutzt und unerinnert in einem rückwärtigen Segment der Buchlandschaft vor sich hin dämmerte, dringend benötigen würde. *Wozu brauchte ich überhaupt eine so große Wohnung, […] ich hätte weder eine Bildergalerie noch eine Bibliothek, besonders dann nicht, wenn ich Bücher liebe und mich auf Bilder verstünde. Denn dann wüßte ich, daß keine Sammlung jemals vollständig ist und daß die Lücken mehr Kummer bereiten, als gar nichts zu haben. Hier wird der Überfluß zum Verdruß: Jeder Sammler hat das schon empfunden. Wenn man keiner ist, darf man keine Sammlung anlegen.* Das schreibt Jean-Jacques Rousseau in »Emil oder Über die Erziehung« (1762, dt. 1762), einem Buch, dem nicht nur in diesem Punkt nicht zu trauen ist. Das zeigt schon der verwendete Konjunktiv, der von einer Wahlmöglichkeit spricht, die dem Buchliebhaber nicht offen steht.

Verwunderlich ist zunächst auch der unbeschwerte Ton, wenn Hermann Hesse seine Bibliothek aufräumt: *Als ich nach Tagen damit fertig war, übersah ich erst, wie sehr sich in diesen Jahren mein Verhältnis auch zu den Büchern geändert hatte. Es gibt ganze Gattungen von Literatur, die ich früher mit freundlicher Schonung duldete, und die ich jetzt mit Lachen weggebe. [...] Es wird heller in den Zimmern. Schätze sind zurückgeblieben, die jetzt viel voller leuchten. [...] Von ihnen läßt man sich gerne einmal überleben.* Hier muss der Hintergrund für die Leichtigkeit im Verabschieden der Bücher mitgelesen werden: Die Skizze »Eine Bücherprobe« entstand 1919; zu den *ganzen Gattungen*, die Hesse hier wegwirft, gehört das Segment *Kriegsliteratur*. An ihre Begeisterung von 1914 wollten sich fünf Jahre später viele nicht mehr erinnern.

Manfred Sommer hat in einer ausufernden Untersuchung die multiplen Motivationen und Verhaltensdispositionen des Sammlers analysiert und seine tendenzielle Unheilbarkeit – doch *Sammler sind glückliche Menschen* (Goethe). Für die Spezifika des Buchsammelns, ist nach wie vor die beste Darstellung Walter Benjamins »Ich packe meine Bibliothek aus« aus dem Jahr 1931. Wir werden noch darauf zurückkommen. Was den Umgang mit dem Mengenproblem betrifft, spielt der französische Autor Georges Perec – dessen Roman »Das Leben. Gebrauchsanweisung« (1978, dt. 1982) in Ihren Regalen ebenfalls nicht fehlen sollte – in seinen »Kurzen Anmerkungen über die Kunst und die Art und Weise, seine Bücher zu ordnen« die Unmöglichkeit einer rationalen Lösung des Problems durch. Die Formel lautet: $K + X > 361 < K - Z$. K ist dabei die willkürlich angenommene – individuell festlegbare – Zahl von Büchern (hier 361), die im häuslichen Wohnzusammenhang idealiter nicht überschritten werden soll. Werden also neue Bücher angeschafft (X), muss der Altbestand um die selbe Anzahl (Z) verringert werden. Abgesehen von praktischen Problemen – welche Zahl ist für *Werke in xx Bänden* einzusetzen – ist der Selbstversuch aus bereits angedeuteten Gründen rasch gescheitert.

Lagersysteme

Es dämmern im Bücherständer
die Bände in Gold und Braun
Rainer Maria Rilke

Als gleichsam historisch unerledigtes Problem kann – unabhängig von der Miniaturisierung der Datenspeicherformen – die Frage der Lagerung der Bücher (nicht der Information) gelten, mit der schon der heilige Hieronymus zu kämpfen hatte. Er ist einer der heiligen Prototypen des Viellesers, der sich in seinem Eremitenheim immer schon redlich mit berufsbedingter Lektüre (er starb übrigens halb erblindet) und den wohntechnischen Folgeproblemen abmühte. Trotzdem ist nicht er Schutzheiliger der Bibliothekare geworden, sondern der heilige Laurentius, der 257/258 Archidiakon von Pabst Sixtus II. war und als solcher das Evangelienbuch zu tragen hatte. Ein Buch und der Feuerrost, auf dem er den Märtyrertod erlitt, sind seine Attribute. In Böhmen gilt als Patronin der Bibliotheken die heilige Wiborada, die beim Einfall der Magyaren 928 dem verzagenden Abt des Stiftes Sankt Gallen beherzt zugerufen haben soll: *Rette die Bücher zuerst!* Das Attribut dieser selbstlosen und wehrhaften Frau ist – neben Palme und Märtyrerkrone – die Hellebarde.

Auch der heilige Hieronymus hat seine Bücher zweifellos geliebt und verehrt, zumal es allesamt heilige Schriften waren oder gar das Symbol für die Schöpfung als göttlichem Buch. Trotzdem zeigt uns Albrecht Dürer in seinem Stich »Der Hl. Hieronymus in der Zelle« (1514), dass die prächtigsten Folianten ziemlich unordentlich auf der Bank lagern; bei Jan van Eycks »Der Hl. Hieronymus im Gehäuse« (1435) liegen sie durcheinander auf einem Wandbrett. Auf anderen zeitgenössischen Bildern von Studier- und Gelehrtenstuben sind sie gar achtlos auf dem Boden verstreut. Warum tun sie das, die Ahnherrn der Bibliophilie?

Die Antwort ist simpel: Das Bücherregal in der heutigen Form war noch nicht üblich. Erst seine Verbreitung im 17. Jahrhundert ermöglicht mehr Übersicht und Ordnung in der Lagerung und bewirkt auch einige Veränderungen im äußeren Erscheinungsbild der Bücher. Die bis dato gebräuchlichen Metallschließen und die ›Saufknöpfe‹ an den vier rückwärtigen Einbandecken, die beim Auflegen des Buches auf einen vielleicht nicht eindeutig sauberen Allzwecktisch den direkten Kontakt auf die vier Metallfüßchen reduzieren, ziehen sich auf die heiligen Messbücher zurück, die der neuen Aufstellungsordnung nicht unterworfen sind. (Der Tatsache, dass die Saufknöpfe aus verständlichen Gründen auch bei den Studentenkommersbüchern in Gebrauch blieben, verdanken sie ihren wenig appetitlichen Namen.)

Für die ab nun im Regal lebenden Bücher verwandelt sich der positive Schmutzschutzeffekt in erhöhte gegenseitige Verletzungsgefahr und die Metallapplikationen beginnen zu verschwinden. Mit dem Anwachsen des Buchbestandes entwickeln sich dann Rückentitel als nützliche Einrichtung ab dem Moment, da Bücher nicht mehr frontal zum Betrachter schräg ins Regal gelehnt, sondern platzsparend in Reih und Glied aufgestellt werden. Zunächst geschah das allerdings mit dem Buchschnitt nach vorne, erst allmählich kehrten die Bücher dann dem Betrachter den Rücken. Die frühen Buchsammler fanden das buchschonend – weniger Angriffsfläche für Staub und Ungeziefer; spätere auch unhöflich. Alfred Polgar zweifelt deshalb gar am *Freundschaftsverhältnis* der Bücher zu ihren Lesern, denn wie würden die Bücher reagieren, wenn Jedermann an sie den Appell richten würde, ihn in den Tod zu begleiten? *Sie würden das tun, was sie, sehr bezeichnend, schon immer tun auf ihren Regalbrettern: sie würden ihm den Rücken kehren.* Anders sieht das Hanns-Hermann Kersten: *Die Bücher demonstrieren Weisheit und zeigen ausnahmslos jedem den Rücken.* Damit allerdings – so Rückentitel vorhanden – auch ihren Inhalt. Als Canettis Sinologe Kien die große Ansprache an seine Bücher hält, um sie auf den gerechten Krieg gegen die fremde Macht in Gestalt seiner Frau Therese einzuschwören, formuliert er als Punkt vier des Manifests an seine Bücher:

Sämtliche Unterschiede, die sich aus Vergangenheit, Ansehen, Größe und Wert der Kriegsteilnehmer ergeben, sind aufgehoben. Die Demokratisierung des Heeres äußert sich praktisch darin, daß von heute ab jeder einzelne Band mit dem Rücken zur Wand steht. Diese Maßnahme steigert unser Zusammengehörigkeitsgefühl. Sie entzieht dem räuberischen, aber ungebildeten Feind seine Maßstäbe.

Gaetano Volpi, Mönch und Verleger in Padua, rühmt im Jahr 1756 die damals noch neue, Rücken an Rücken eng aneinandergedrückte Aufstellung aus konservatorischen Gründen als äußerst nützlich. Sie verhindere Deformationen der Buchgestalt und minimiere die Zahl der Einfallstore für Staub und papierfressendes Ungeziefer. Deshalb rät er auch dringend zum Gebrauch von Buchstützen. Volpis Buch aus dem Jahr 1756 sammelt nach Stichworten geordnet Tipps und Tricks für Bücherliebhaber. Der Titel der Neuausgabe von 1988 lautet: »Del furore d'aver libri«, also nicht von der Freude (della gioia) oder vom Genuss (del piacere), sondern eindeutig *del furore*, also von der Wut, Raserei, Leidenschaft des Buchbesitzes, und so lautet auch die Eintragung in d'Alemberts ein Jahr nach Volpis Buch erschienener »Enzyklopädie« unter dem Stichwort *Bibliomanie*.

Womit der Pfad zum Mengenproblem zurückführt. Mit Anwachsen des Buchbesitzes beginnt sich im bürgerlichen Haushalt der gehobenen Mittelklasse allmählich das Bücherzimmer, die private Bibliothek zu entwickeln, wobei das Wort Bibliothek ursprünglich in der Bedeutung von Bücherschrank verwendet wurde. Ein separates Bücherzimmer setzt einen gewissen Wohlstand voraus, der es ermöglicht, einen Teil der Gesamtwohnfläche für die Buchlagerung disponibel zu halten. Kultur braucht Raum im Wohnzusammenhang, für die ruhige Leseecke so gut wie für das bücherliche Vorratslager. *Sucht ihr der Weisheit*

Schatz, gebt guten Büchern Platz, lautet einer der ältesten Werbeslogans des Buchhandels, überliefert in einem Kupferstich aus dem Jahr 1698. Hier wurzelt auch die Tradition, bekannte Persönlichkeiten inmitten ihrer Bibliothek zu zeigen – ein Bildtypus, der bis heute wirksam geblieben ist. Selbst das Fernsehen zeigt Interviewpartner nach wie vor gerne in dieser Umgebung, denn *nichts läßt uns so ehrbar erscheinen wie die trauliche Anwesenheit vieler Bücher* (Silvia Bovenschen). Aus Bücherwänden ist Image zu beziehen, und so wird das Buch auch gerne für die differentesten Werbeziele genutzt, für Tapeten, Hotels, Fluglinien und Zigaretten ebenso wie für politische Parteien und sogar für Computer. *Einfache Gesten mit großer Noblesse*, stand jüngst über einem Artikel, der die neuesten Trends der Pariser Haute Couture erläuterte, ganzseitig illustriert mit einer auf einem Buchstapel thronenden Dame, ein offenes Buch nachdenklich in der Hand. Sie trug einen unauffälligen, dunklen Businesslook, erst auf den zweiten Blick fiel das zentrale Detail ins Auge: der als Jackentasche applizierte Buchdeckel, Bildunterschrift: *Ein Retro-Scherz von Olivier Lapidus.*

Je größer die räumliche Beschränkung, um so entscheidender das Improvisationstalent des Büchersammlers. Wer auf durchschnittliche Wohnflächen angewiesen ist, dem bleibt nur der Rückgriff auf multifunktionale Raumnutzung. Den Gegebenheiten gehorchend, haben sich die Bücher in die verschiedensten Bereiche der Wohnung einzuschmuggeln. Auch vor der Toilette machen sie nicht halt, wobei das ›stille Örtchen‹ mit der Bibliothek als ›Ort der Stille‹ durchaus einiges gemeinsam hat. Eine systematische Zusammenstellung möglicher häuslicher Aufenthaltsorte des Buches liefert Georges Perec:

Räume, in die man seine Bücher stellen kann
in die Diele
ins Wohnzimmer
in das oder die Schlafzimmer
aufs Scheißhaus

In die Küche stellt man in der Regel nur eine einzige Art von Büchern, und zwar genau die, die man ›Kochbücher‹ nennt.

Es ist äußerst selten, daß man in einem Badezimmer Bücher findet, obgleich es für viele Leute ein Lieblingsort für die Lektüre ist. Die Feuchtigkeit dieses Raums wird einmütig als Feind Nummer eins für die Aufbewahrung gedruckter Texte angesehen. In einem Badezimmer kann man allerhöchstens eine Hausapotheke finden und in der Hausapotheke ein kleines Bändchen mit dem Titel ›Was ist vor der Ankunft des Arztes zu tun?‹

Ein gediegener Aufenthaltsort für das Buch ist der gute alte Bücherschrank, dem eine gewisse Unverrückbarkeit, auch Behäbigkeit eignet, in der sich die Wertschätzung für seinen Inhalt ausdruckt. *Wir haben jetzt zwei Bücherkasten: ich nenne das Fortschritt*, zitiert Wolfgang Georg Fischer den Stolz eines politisch engagierten Arbeiters in den 1920er Jahren, für den der Bücherkasten eine Art Hausaltar darstellt, ein materialisierter Beweis für den Aufstieg seiner Klasse. Dieser neue Kasten *hat einen holztürverschalten, schwarzlackierten Unterleib und über zwei weißen Säulen reckt sich die glastürverschalte Brust.* Er dürfte also ein ziemliches Ungeheuer gewesen sein. Das gilt allerdings auch für die großbürgerliche Variante, die der junge Walter Benjamin daheim vorfand:

Das war ein sonderbares Möbel; der Fassade konnte man es nicht ansehen, daß es Bücher beherbergte. Seine Türen trugen im Innern ihres Eichenrahmens Füllungen, die aus Glas bestanden. Und zwar setzten sie sich aus kleinen Butzenscheiben zusammen, welche, jede einzelne, mit einer bleiernen Umfassung von den benachbarten geschieden waren. Die Butzenscheiben aber waren rot und grün und gelb befärbt und völlig undurchsichtig. So war das Glas an diesen Türen Unfug, und als wolle es Rache für ein Schicksal nehmen, das es so mißbraucht hatte, glänzte es in vielen verdrießlichen Reflexen, welche keinen in seine Nähe luden.

Unabhängig von Fragen des Designs, im geräumigen Innenleben des Buchschranks sind die Bücher wohl geborgen vor Staub und sonstigen Umweltbeeinträchtigungen wie Sonneneinstrahlung, Essensgerüche oder Zigarettenrauch. Verfügt er zudem über versperrbare Türen, ist der Nimbus des Sakralen und Geheimnisvollen perfekt, mit dem Nebeneffekt, Zutrittsschranken für unliebsame Schmökerer errichten zu können. Viele Autobiographien beschreiben das verbotene Eindringen in den – zumeist väterlichen – Bücherschrank als prägend für das weitere (Leser)-Leben. Betörend ist schon die Geruchsaura, die einem nur im Bedarfsfall geöffneten Bücherschrank entströmt, verglichen mit der entzauberten Geruchsmischung von offen und geheimnislos, in ständigem Luftaustausch mit den alltäglichen Umgebungsdüften verstaubenden Bücherregalen. Walter Benjamin beschreibt in seiner »Berliner Kindheit um neunzehnhundert« (geschrieben 1932/33), wie er im elterlichen Bücherschrank den verbotenen *Gespenster-Hoffmann* aufstöberte und gierig *verschlang*. Sobald er alleine zu Hause ist, wiederholt sich immer die selbe Szene: *Ich riß die Flügel auf, ertastete den Band, den ich nicht in der Reihe, sondern im Dunkeln hinter ihr zu suchen hatte, erblätterte mir fieberhaft die Seite, auf der ich stehengeblieben war, und ohne mich vom Fleck zu rühren, fing ich an, die Blätter vor der offenen Schranktür überfliegend, die Zeit, bis meine Eltern kamen, auszunutzen.* Im Verbergen der Bücher mit bedenklichen Inhalten waren sie geschickt, die Väter um 1900, doch es half ihnen nichts. Im Hause Walter Mehring waren die moralischen und sonstigen Grenzfälle

auf den untersten Fächern eines Eckschrankes gestanden, den zu Dreivierteln der Nußbaumschrank mit dem Geheimarchiv meines Vaters verstellte (ja, einige ganz bedenkliche waren darin eingeschlossen).

Mein Vater hatte sie da als ›Kulturkuriosa‹ isoliert; er hielt sie so gut wie möglich vor mir versteckt, wie man hochgeehrte, doch gemeingefährliche Irre in eine geschlossene Heilanstalt überführt.

[...] Es setzte ein vertracktes Zeremoniell voraus, den Staub aus den Rillen und Schnitten fortzublasen und von den Buchdeckeln fortzuklatschen, bis so abstrus medizinische, griechisch-lateinische Kauderwelsch-Titel lesbar wurden wie: ›Halluzinative Pseudo-Epilepsie beim Paulus von Tharsus‹, ›Die Confessionen des Hl. Augustinus, die Beichte eines Bisexuellen‹ und ›Die Bußexerzitien des Hl. Ignatius von Loyola – oder vom erotomanen Militaristen zum sakrosankten Gottesstreiter‹.

Die Titelmischung in der Grenzfall-Ecke von Vater Sigmar Mehring ist auch unter sittengeschichtlichen Aspekten aufschlussreich. Welche Verkrümmungen und Umwege mussten erotische Phantasien in Kauf nehmen, um zumindest in einem uneinsehbaren Winkel des Bücherschranks noch Platz zu finden. »Die verlorene Bibliothek. Autobiographie einer Kultur« ist der Titel von Walter Mehrings 1951 erschienenem Erinnerungsbuch, in dem er das väterliche Studierzimmer mit persischem Diwan samt Eisbärenfell davor, einem mächtigen Nussbaumschreibtisch und gerahmten Originalgraphiken, als *fin-de-siècle Replik einer Alchimistenklause* charakterisiert. Noch prangten die schneidig ausgerichteten Bücher in den Regale, *noch standen die Fronten des Humanismus nach Disziplinen aufgestellt.* Nach dem Massenexodus und Massenmord an ihren häufig jüdischen Besitzern sind sie vielfach nicht zurückgekehrt und tauchen zum Teil erst heute im Zuge der verspäteten Restitutionsdebatten wieder auf. Walter Mehrings kulturkritische Großanalyse des Buchbestands der bürgerlichen Fortschrittskultur macht deutlich, dass der aufklärerische *Schutzwall der Bücher* gerade an der Grenzfall-Ecke scheitern musste, an der Radikalität, mit der die Aufklärung den Mythos und das Dunkle ausgeblendet hat. Auch in Hans Flesch-Brunningens großem, leider kaum rezipierten Exilroman »Perlen und schwarze Tränen« (1980) ist eine zentrale Szene die Sichtung des Bücherwissens. Der Emigrant Truck irrt durch das nächtlich nebelige London und landet in der Bibliothek der BBC, in die ein naher Bombentreffer einen *geheimen Zugang* gerissen hat. Truck steigt ein und nimmt einige Bücher des bildungsbürgerlichen Kanons zur Hand. Ihre Autoren materialisieren sich in Trucks Vorstellung und geben sich je nachdem ungebrochen selbstherrlich, ratlos oder resigniert. *Durch die ganze Weltgeschichte zieht sich eine starke Bewegung, die die absolute Herrschaft des Geistes leugnet. Ich kann der Bewegung keinen Namen geben, aber ich möchte ihre Bedeutung für das Gefühlsleben betonen*, sagt ihm der traurige Verfasser eines astrologischen Werkes.

Der erbrochene, zerstörte (enteignete) Bücherschrank war schon in Eduard von Bauernfelds Jugenderinnerungen »Aus Alt- und Neu-Wien« (1873) Symbol für Krieg und gesellschaftliche Katastrophen. *In der Nacht vom 11. bis 12. Mai 1809 zündete eine der ersten Bomben* im Haus seiner Eltern und zerstörte den Dachstuhl. Im Durcheinander der darauffolgenden Tage schleicht sich der noch nicht achtjährige Eduard immer wieder in die nun luftige Dachkammer. Er hat dort einen Wandschrank entdeckt, der die Hausbibliothek enthielt *und sonst sorgfältig verschlossen gehalten wurde. Nun war aber der Schrank gleichfalls angebrannt, die Türen weit klaffend aufgesprungen, und die Bücher standen offen und frei in anlockender Reihe*. Auf den brandigen Balken sitzend, beginnt Bauernfeld sein Leserleben; Ritterromane verschlingt er hier, aber auch schon Goethes Werke. Mit großer Geste stilisiert er diese Episode zum epochalen Initialerlebnis: Ich *verdanke meine erste Bekanntschaft mit dem größten deutschen Dichter niemand Geringerem als dem ersten Feldherrn des Jahrhunderts.*

Chaosmanagement und Buchrefugien

Ein Palast ohne Bücher – wie arm! Eine Hütte mit Büchern – wie unsäglich reich!!
Jakob Haringer

Heute findet der behäbige Bücherschrank in den durchschnittlichen Wohnzusammenhängen oft schwer Platz. Verändert hat sich auch die Erscheinungsform des Buches. Bereits 1841 startete der Leipziger Verleger Christian Bernhard Tauschnitz eine erste Taschenbuchreihe. 1867, als Goethes Werk rechtefrei wurde, eröffnete der Reclam Verlag das über Jahrzehnte erfolgreichste Projekt dieser Art, die Reclam-Klassikerreihe, mit den beiden Teilen des »Faust«. Technische Verbesserungen der Druckverfahren und die Erfindung der Setzmaschine 1884 sorgten für eine Verbilligung der Buchproduktion. Das preiswerte gute Buch bzw. Heftchen, das die Weltliteratur finanzschwächeren gleichwohl bildungshungrigen Bevölkerungsgruppen zugänglich macht, eignet sich nicht für den massiven Bücherschrank. Ist der Inhalt auch wertvoll, das Buch ist es nicht. Hans Fallada berichtet in seinen Erinnerungen an die väterlichen Bücherregale, dass in den unteren Fächern *gewisse Kästchen* zu finden waren, und dort *hatte der Vater die Hefte und Heftchen der Universalbibliothek untergebracht, die sich in ihren Broschüren nur schlecht auf einem Bücherbrett ausnahmen. Diese Kästchen waren eine wahre Fundgrube.*

Der verwahrungstechnische Umgang mit den Reclam-Heften wurde für die zu Reichtum gekommenen Väter der Gründerzeit ein schwieriger Balanceakt im Kampf um bildungs- wie repräsentationsmäßigen Anschluss an das alte Großbürgertum. Helene Lahr, 1894 in eine *wohlhäbig-bürgerliche* Wiener Familie hineingeboren, beschreibt diese peinlich genaue Trennung der Sphären in ihrer Erzählung »Ein verkannter Wohltäter« (1953):

Der Bücherschrank meines Vaters krankte an einem inneren Zwiespalt [...] Oben – gleichsam in der Beletage – standen, feierlich ausgerichtet, die Klassiker. Ein moosgrüner Plüschvorhang mit Goldborten trennte sie pietätvoll von der Außenwelt. Unten jedoch, hinter ehrwürdig geschnitzten Eichentüren, hatten sich Invaliden in broschierter Ungebundenheit zu einer Art Bücherschwemme zusammengefunden. Der anheimelnde Geruch alter Tarockkarten entströmte ihrer Massenseele. Gleich im obersten Fach lagen die orangegelben Bändchen der Universalbibliothek wie Ziegelsteine übereinandergeschichtet.

Der Entkoppelungsprozess von Inhalt und Erscheinungsform materialisiert sich im Taschenbuch. Es ist bedenkenlos stapelbar wie die Ziegelsteine für den Bauboom der Gründerzeit, der den neu aufstrebenden bürgerlichen Schichten zu Reichtum und Wohlstand verhalf. Genauso antiquiert wie der Bücherschrank ist hier auch die oft kunstvoll ausgestaltete Buchhülle, der Bernhard Wördehoff in seinem Band »Das gab's doch mal« (1994) einen kleinen Nachruf gewidmet hat. Sie war aus Karton, Leinen, feinem Leder oder aus kunstvoll besticktem Stramin. *Mit Stegen, Taschen und Gummibändern trachtete man, den Buchdeckel an die Hülle zu fesseln. Umsonst, denn in der Regel rutsche das Buch unheilvoll in der Hülle hin und her oder gar aus ihr heraus*, weil sie einfach selten auf das gerade zu lesende Buchindividuum passte. Beliebt war sie trotzdem und sie zeugt davon, dass das Buch in der Epoche der Schonbezüge als würdiges Objekt angesehen wurde. Mit dem Großteil der anderen Überhüllen ist auch sie verschwunden; das einzige Relikt dieser Schon-Tradition hat sich ins neue Wohnzimmer, auf die Autositze, geflüchtet. Für die Buchkultur reduzieren sich damit die heimischen Bastel- und Handarbeitsaktivitäten auf die (vor)schulische Lesezeichenproduktion.

Natürlich gibt es ihn noch, den Bücherschrank. In Prospekten von Einrichtungshäusern der anspruchsvolleren Art ist er unauflöslich verbunden mit Attributen wie gediegen, aus edlem Holz (feinste Walnuss etwa), wertvoll, von zeitloser Eleganz, repräsentativ, in *original englischem Wohnstil* usw. Das ist genau der richtige Ton für eine finanzkräftige Minorität mit bibliophilen Leidenschaften. Gleich daneben wohnt der camouflierte Zeitgeist. *Spezifix* nennt sich so ein Produkt. Die einzelnen Elemente sind beliebig kombinierbar (was einen hohen Freiheitsgrad und recht viel Individualität garantieren soll), fügen sich platzsparend in jede Nische (ein Zugeständnis an die Realität) und harmonieren zudem dank aufsteckbarer Simse und Sockel ausgezeichnet mit – Biedermeiermöbeln. Überschrift der Werbeeinschaltung: *Perfekte Raumlösungen für die anspruchsvolle Privat-Bibliothek*, denn *Spezifix* bietet *nicht nur für Bücherwürmer, sondern auch für CD- oder Video-Freaks optimale Bedingungen.* Abgesehen von der unlauteren Ausgrenzung der Bücherwürmer aus der Freak-Ecke, ist ein auf CD- bzw. Videokassetten-Größe ausgerichtetes Regal für die physische Vielgestalt der Bücherwelt doch allenfalls ein Prokrustesbett.

Klagen über die designerische Gleichgültigkeit im Umgang mit dem Buchkörper sind freilich alt. Schon Gaetano Volpi prangerte die *indiscretezza* der Buchbinder an, die im Interesse eines tendenziell einheitlichen Buchformats alte Bücher beim Neubinden – wie die Sekretärin von Alberto Manguels Vater – ihrer Ränder und damit ihrer natürlichen optischen Symmetrie berauben. Andererseits spricht Volpi aber auch vom *häßlichen Anblick* verschiedenformatiger Bücher im Regal, die, größenmäßig geordnet, an *Orgelpfeifen* erinnern. Wohnen mit Büchern steht immer in diesem unauflösbaren Spannungsverhältnis zwischen (raum)ästhetischen Ansprüchen und Notwendigkeiten, die sich aus der inneren wie äußeren Logik der Bücher ergeben. So könnte man Anselm Kiefers vielgedeutete Bleiskulptur »Zweistromland« auch lesen: Nicht nur als in sich selbst verschlossenes, tonnenschweres Weltwissen, sondern als formatmäßige Befreiung der Bleibücher zu sich selbst. In der die Werkstoffe der Buchkultur verhöhnenden Materialität eines giftigen Schwermetalls können sie wild wuchernd überborden, vor jedem ordnenden Eingriff geschützt.

Immerhin sind Bücher ein Zimmerschmuck. Gern genießt das Auge die Exaktheit ihrer ausgerichteten Linien und erfreut sich der Farbigkeit der Trachten. Am linken Flügel die Großen, am rechten die Kleinen, gestellt zum Parademarsch des Geistes. Wie glänzend die Fähnchen der gesammelten Werke! Wie bunt und malerisch abgerissen das Gewimmel des broschierten Volks!

So sah es Alfred Polgar, oder so wollte er es zumindest sehen, denn in der Wirklichkeit des Regalbrettes will der *Parademarsch* so zackig nie gelingen. Doch ob gestylt oder nicht, Bücher sind immer auch Element der Raumgestaltung, mit dem Folgeproblem, wessen Wohlbefinden Vorrang hat. Wer hat sommers noch nie, luftig bekleidet, in klimatisierten Lesesälen gefroren, oder sich daheim darüber geärgert, dass wie selbsttätig anwachsende Bücherstapel wichtige Zugänge verstellen?

Die Balance zwischen Ordnung und Durcheinander im Buchregal ist eine äußerst labile und steht immer quer zur ständig in Bewegung befindlichen Ordnung der Bücher im Kopf, wo jeder neue Leseakt automatisch neue Verbindungen und Bezüge herstellt. Im Regal steht der *Apologie der sympathischen Unordnung [...] die schäbige Versuchung der individuellen Bürokratie im Wege [...] zwischen diesen beiden Spannungsfeldern, dem einen, das den Schlendrian begünstigt, die zum Anarchismus neigende Gutmütigkeit, dem anderen, das die Tugenden der tabula rasa preist, die erfolgreiche Kälte des Ordnens, versucht man am Ende doch immer wieder Ordnung in seine Bücher zu bringen*, schreibt Georges Perec und zählt folgende *Arten und Weisen, die Bücher zu ordnen* auf: nach dem Alphabet, nach Kontinenten oder Ländern, Farben, Kauf- oder Erscheinungsdatum, Formaten, Gattungen, literarischen Epochen, Sprachen, Lesevorrang, Einbänden, Reihen. Die Kriterien sind beliebig erweiterbar. Vom österreichischen Autor und Verleger Erich Fitzbauer etwa stammt die Idee der posthumen Versöhnung verfeindet gewesener AutorInnen *zumindest in den eigenen vier Wänden.* Jacques Roubaud wiederum berichtet in seinem Roman »Das Exil der schönen Hortense« (1990, dt. 1994) von Aufstellungsvariationen nach Titelverwandtschaften, die die Bibliothekare der SSGBP, der *Sehr Sehr Großen Bibliothek Poldeviens*, erfinden, zum Beispiel so:

> *In einer Abteilung waren die Werke* nach Zahlen *angeordnet: zuerst die, die in ihrem Titel die Zahl 1 enthielten; dann die, die die Zahl 2 enthielten: dann die Zahl 3 (›Die drei Musketiere‹ zum Beispiel), 4 (›Das Zeichen der Vier‹, von Conan Doyle), 5 (›Die fünf Sous von Lavarède‹), 20 (›Zwanzig Jahre danach‹) und so weiter bis zur 10. Potenz hoch 14 (Raymond Queneau ›Hunderttausend Milliarden Gedichte‹).*
>
> *In einer anderen Abteilung hatte man die Bücher nach den Farben zusammengestellt (›Rot und Schwarz‹, ›Der gelbe Hund‹, ›Der grüne Gabardinemantel‹, ›Der orangefarbene Virus‹).*

Da der Kampf um Ordnung und Systematik für naturwüchsig zum Chaos tendierende Büchersammlungen immer mühselig und nie endgültig siegreich zu beenden ist, bieten sich als einfache, weil dem Inhalt gegenüber ignorante Richtlinien ästhetische Kriterien einfach an, allen voran das die Gegebenheiten der Regalbretterabstände einkalkulierende Format. Von der Logik des Buches ausgehend zweifellos die niederste Form des Ordnens. Durchaus stimmig, wenn sich der geistig beschränkte Prinz Ignatius am Hof des Fürsten Irenäus in E. T. A. Hoffmanns »Kater Murr« so ans Ordnen der kleinen Handbibliothek im zierlichen Wandschrank macht: *Ganz vergnügt, unter fröhlichem Gelächter begann der Prinz sogleich die sauber gebundenen Bücher herauszunehmen und sie, nach dem Format sorglich ordnend, so hinzustellen, daß die goldenen Schnitte nach außen stehend, eine blanke Reihe formten, worüber er sich über alle Maßen freute.* Doch selbst das war früher einfacher, als Jean Pauls *Kleiderordnung* die Bücherwelt regierte. Noch in der Klassik galt: Großformate sind seriösen Inhalts, populäre Lesestoffe hingegen machten schon durch Kleinheit auf ihren minderen Rang aufmerksam. Der Aufstellung nach Größenklassen entsprach also automatisch eine gewisse inhaltliche Segregation. Heute haben sich die Abmessungen im Umkreis der mittleren Formate eingependelt, das Unterscheidungskriterium reduziert sich primär auf die Frage Hardcover oder Paperback, aber natürlich nicht ganz, Formatabweichler gibt es allenthalben, namentlich im Kunstbuchsektor. Ordnung scheint im Bücherregal höchstens optisch möglich. *Eine respektable Ordnung ist man jedenfalls zu vermuten geneigt, wenn man vor einer Bibliothek steht*, schreibt Peter Glaser in seiner »Geschichte von Nichts« (2003), *obwohl ich von meinen eigenen Büchern wusste, dass manche, und zwar ziemlich umfangreiche Abteilungen, nur einen Anschein von Systematik erwecken, sie waren beispielsweise nach Höhenmaßen in unterschiedlich hohe Fächer gestellt; in ihrem Innersten aber lagen Kräfte verschiedenster Unwägbarkeiten, von Vorordnungen oder des reinen Chaos blank*. Will man das Buchregal den ästhetischen Ansprüchen eines Wandgemäldes annähern, muss man von den farblichen Aspekten ausgehen. Kurt Klinger beschreibt in seinem Essayband »Auf den zweiten Blick« (1994), was daraus im Idealfall entsteht, nämlich

ein durcheinanderwirbelndes Farbenspiel, das den hölzernen Ernst und die einschüchternde Gelehrsamkeit der Regale durch überraschende Muster, bunte Kombinationen ins Heitere und Ungezwungene auflöst und den ganzen Raum in ein Labor lebendiger Entdeckungen verwandelt. Keine kantig abweisenden Bücherwände. Der Betrachter sollte sich, wenn er die Augen ein wenig wie im Halbschlaf verengt, von einem magischen Gespinst umgeben fühlen, einem Zauberschleier, der sich unmerklich-merkbar bewegt, als würden die Bücher atmen, und die Hand müßte ihm jucken, in diesen Regenbogen von Möglichkeiten hineinzugreifen und mit jedem Griff, planlos fast wie in Trance, Veränderungen, neue Mischungen und Übergänge hervorzurufen. […] eine Intuition des Augenblicks, die sich der Erklärung entzieht – ein poetischer Akt en miniature.

Ein klares Bekenntnis zur *lyrischen Sorglosigkeit*, das sich dem Naturgesetz der Unmöglichkeit einer finalen Ordnung in der Büchersammlung lustvoll fügt, in der Praxis allerdings seine Grenze an dem Wunsch findet, die Bücher nach Maßgabe des Bedarfs im Regal ungefähr zu orten. Auch Ulrich Holbein praktiziert das Prinzip Farbe in seinen Bücherregalen, für ihn die einzige Möglichkeit für visuell sensible Buchbesitzer: *sieben Bretter übereinander, ganz unten schwarze Bücher, dann braune, dann grüne, blaue, rote, dann gelbe und ganz oben, sich auflichtend und harmonisch ins Rauhfaserweiss der Zimmerdecke mündend, weisse Bücher*. Das hat viel für sich, nicht nur die Augenfreude; sympathisch ist das demokratische Nebeneinander von *ehrwürdigen Schinken, Wurfbroschüren, ausgewählten Werken in einem Band, Regierungserklärungen, Programmheften*. Doch selbst wenn man von der *Verlegenheitsrubrik Missfarbene Bücher* absieht, dass das Wiederfinden eines Buches hier keine Schwierigkeiten bereitet, das will man dem Buchästheten Holbein nicht recht glauben. Früher war übrigens auch die Farbensprache traditionelles Mittel der Inhaltscharakterisierung, was sich in einigen Termini der Bücherwelt erhalten hat. In Italien ist der Krimi heute noch ein *romanzo giallo* (ein gelber Roman) und ein *romanzo rosa* ein Liebesroman (und *serie rosa* die Pornoreihe im abendlichen Fernsehprogramm). Das Reihenkonzept vieler Taschenbuchverlage – *wer ›Taschenbuch‹ sagt, sagt immer auch ›Reihe‹* (Gérard Genette) – griff die Farbensprache wieder auf: Gelbschwarz traten die Diogenes-Krimis von gediegenem Niveau auf, blutrot die Goldmann-Thriller. Farblich eindeutig ist die Orientierung nach wie vor im Reclam-Regal, hier weiß man immer noch auf den ersten Blick, was in den Büchern drinsteht: gelb der klassikerwürdige Primärtext, grün die wissenschaftliche Aufbereitung, rot das Fremdsprachensegment, orange die Antike. Bei Reclam sind Welt wie Inhalte noch in Ordnung: Gediegenheit, Verlässlichkeit, hohes Niveau.

Bunt hingegen schillert der Regenbogen des Suhrkamp Verlages, dessen wissenschaftliche »edition suhrkamp« eine enorme ideelle Aufwertung für das Taschenbuch brachte. Nicht jeder konnte in den 1970er Jahren, als die anspruchsvollen Suhrkamp-Bände für alle Diskussionszusammenhänge ein unerlässliches Muss darstellten, der suggestiven Farbverführung des Verlagskonzepts in den eigenen Bücherregalen widerstehen. Die konnten auf dem Höhepunkt der Suhrkamp-Kultur konzeptuelle Farbtupfer im übrigen besonders gut vertragen. Sie befanden sich in Wohngemeinschaften und bestanden aus Obstkisten oder aus Brettern, gestützt von rohen Ziegeln, wobei Obstkisten in Bezug auf die hohe Mobilität studentischer Lebensweise einen Nützlichkeitsbonus hatten. Diese aus der nackten Notwendigkeit entstandene Variante der arte povera für das Buch fand etwas zeitverzögert auch im Möbeldesign ihren Niederschlag. Die Trendforscher kalkulierten richtigerweise mit den üblichen Lebenswegprofilen Studierender. Eines Tages werden aus ihnen Akademiker und damit Angehörige einer relativ finanzkräftigen Käufergruppe, die zumindest an der Schwelle zwischen den beiden Lebensstadien Reminiszenzen auch in wohnraumgestalterischer Hinsicht zu schätzen wissen. In der Chronologie folgte auf die Obstkisten das Selbstbauregal der großen nordischen Abholmärkte. Sicherheitshalber rechneten die Hersteller dabei nicht mit der Lesefähigkeit oder gar mit Fremdsprachenkenntnissen der Käufer: Nur mit Bildern und Symbolen wurde hier erklärt, wie die Teile sich zum Regal fügen sollten. *Billy* hieß eines dieser Regale aus verschraubten Längs- und Querbrettern, aber doch schon mit staubschützender Rückenwand. Ein klassisches Design von gediegener Simplizität, das den intellektuellen Touch des Einrichtungshauses begründen half, das ungefragt alles duzt, was in seinen akustischen Einflussbereich gerät. Bis heute findet man in keinem anderen Möbelkatalog so viele appetitlich bestückte Hintergrundbuchregale, die kaum an die branchenüblichen Pappmachéattrappen denken lassen.

In Sachen Wohnkultur ging der Trend der 1990er Jahre in Richtung ›weiße Wohnung‹. Sie sind von gut verdienenden Singles oder DINKs (Double Income No Kids) bewohnt und karg möbliert. Die wenigen Gegenstände verteilen sich als mobile Preziosen strategisch über den weiten Raum und wirken wie Ausstellungsexemplare. Wo sind die Bücher? Gut, ein dekorativer Bücherschrank findet hier vielleicht schon Platz, aber der Rest? Und die Lieblingsbücher, die kein gediegenes Äußeres (oder auch Inneres) vorweisen können?

Auch im konventionellen Wohnzimmer ist das Buch in keiner guten Position. Zuerst machten zwei Elemente des einstigen Wohnzimmerambientes eine karzinogene Entwicklung durch und brachten das Biotop Wohnraum ordentlich aus dem Gleichgewicht. Aus der bescheidenen Polsterbank, die platzsparend und gefällig an der Wand stand und genügend Umraum für Bewohner wie Kleinmobiliar ließ, erwucherte die Sitzlandschaft. Und das Bücherregal – wie klein immer es gewesen sein mag und womit auch bestückt – verwuchs mit dem Allzweckschrank von noch überschaubaren Dimensionen zum Wohnzimmerverbau. Unlauter ist in diesem Zusammenhang das Argument platzsparend, denn es erstaunt immer wieder, wie wenig – Bücher wie anderes – in diesen Möbel-Bodys und ihren Ansammlungen von unpraktischen Kleinfächern unterzubringen ist. Inzwischen hat sich das ganze zwar zu flexibel kombinierbaren Systemlösungen aufgelockert, stauraumtechnisch praktischer ist es deshalb nicht unbedingt geworden. Die allmähliche Umrüstung des Wohnzimmers brachte einschneidende Terrainverluste für das Buch:

die ›Bücherecke‹[...] ist meistens ein Möbelelement, das zum Komplex ›Wohnzimmer‹ gehört, zu dem noch folgende Möbel gehören:
der Barschrank mit Klappe
der Schreibsekretär mit Klappe
der zweitürige Geschirrschrank
das Möbel für das Hi-Fi-Gerät
das Möbel für das Fernsehgerät
das Möbel für den Diaprojektor
die Vitrine
usw.

Was Georges Perec hier aufzählt, hat sich tendenziell in den Systemlösungen verwachsen, mit der Lücke an strategischer Stelle. In der Rückschau will es fast scheinen, die Lücke wäre vor der flächendeckenden Versorgung der heimischen Population mit Fernsehgeräten aufgetreten. Das ist sicher eine subjektive Täuschung. Jedenfalls ist die zentrale Lücke schon seit langem unverrückbar reserviert für das Fernsehgerät und hat sich mittlerweile durch die umfassende Audio-Video-Ausstattung des Durchschnittshaushalts entsprechend verbreitert. Auch eine potenzielle Buchablage direkt über der TV-Lücke wird nicht lange eine solche bleiben. Hier haben einfach Programmzeitschriften und Videokassetten ihren natürlichen Ort, allenfalls das Buch zur Fernsehserie. Ist daneben noch Platz für ein Regalfach, findet man darin praktisch nie Bücher, vielmehr Gläser und Designergegenstände unterschiedlichsten Geschmacks. Das ist allerdings nicht neu, artfremde Gegenstände haben sich immer schon den Stellraum mit Büchern einträchtig geteilt. Georges Perec nennt in launiger Systematisierung folgende

Dinge, die keine Bücher sind, die man jedoch häufig in Bücherschränken antrifft
Fotos in Messingrahmen, kleine Stiche, Federzeichnungen, getrocknete Blumen in Stielgläsern, Pyrophore mit oder ohne chemische Zündhölzer (gefährlich), Bleisoldaten, ein Foto von Ernst Renan in seinem Arbeitszimmer im Collège de France, Postkarten, Puppenaugen, Schachteln, Salz-, Pfeffer- und Senfrationen der Lufthansa, Briefwaagen, X-Haken, Murmeln, Pfeifenreiniger, Modelle alter Autos, bunte Kieselsteine und Kies, Ex-Votos, Sprungfedern.

Die Aufzählung ist beliebig und individuell verlängerbar – vielleicht machen Sie einmal Ihre persönliche Inventur. Beliebt sind natürlich auch Accessoires der Buchkultur: Papiermesser, Lesestäbe, Lupen mit Korallengriffen, Bücherstützen aus erlesenen Materialien. Beim Blättern in Möbelprospekten oder Wohnzeitschriften fällt noch ein Detail ins Auge. Das anmutig im Raum platzierte Buch – am Wohnzimmertisch, am Nachtkästchen, neben dem Sofa – war einst gängiges Requisit, das die Behaglichkeit des abgebildeten Interieurs indizierte. Auch in dieser Funktion findet sich das Buch an den Rand gedrängt. Den Couchtisch ziert eine exquisite Schale, ein Tablett mit langstieligen Weingläsern, ein adrett drapiertes Tuch; selbst am Nachtkästchen findet sich schon öfter ein Blumenarrangement (sehr ungesund), eine Kaffeetasse oder die TV-Fernbedienung denn die altmodische Bettlektüre. Allein in den Jugendzimmern behaupten sich Bücher in größerer Zahl als Verweise auf den schulischen Lebenszusammenhang ihrer Bewohner. Überall sonst dominieren dekorative Versatzstücke, die Erlesenheit signalisieren, aber auch Sterilität, eine Vorstellung von Wohnlichkeit will nicht so recht aufkommen. Bücher geben einem Wohnumfeld Wärme, Behaglichkeit und Atmosphäre. Die Bücherregale in den Möbelprospekten tun das allerdings nicht. Die darin (scheinbar) verwahrten Bücher sind so stramm ausgerichtet, die Rückengestaltung ist so harmonisch, die Formatfrage so perfekt gelöst, dass man eigentlich gar nicht an Bücher denkt. Fast ein Frevel, den eigenen optischen Büchersalat dahinein verfrachten zu wollen. Der Verdacht kommt auf, diese Buchschränke können *nur* mit Attrappen funktionieren. Hochstapeln mittels Attrappe hat in der Buchkultur ja eine eigene Tradition. Noch heute kommt die billigste Klassiker-Ausgabe kaum ohne vorgetäuschte Rückenbünde aus – und sei es nur mit (gold)farbigen Querstrichen als Schwundstufe der einstmals wirklich vorhandenen Bundspur, die sich vom Buchblock dem Lederrücken mitteilte. Pralinenkollektionen, Schnaps- oder Weinflaschen, Präservative, Reisenecessaires, Schreibutensilien – lang ist die Liste der Dinge, die oft viel Erfahrung in der Tarnung als Staffage-Buch haben. Auch Pistolen zum Beispiel: Im Museo Correr in Venedig ist ein Gebetbuch des Dogen von Venedig Francesco Morosini mit eingebauter Pistole aus der ersten Hälfte des 17. Jahrhunderts erhalten. Eine originelle Entwicklung sind die sogenannten Zigarettenromane, die der 2002 gegründete Münchner blumenbar Verlag anbietet. Das sind kartonierte Hüllen mit aufgedruckten Kurzromanen (u. a. von Maxim Biller, Doris Dörrie oder Joseph von Westphalen), die genau auf die gängigen Zigarettenpackungen passen – eine wirksames optische Kampfansage mit literarischen Mitteln an die beunruhigenden Gesundheitswarnungen, mit denen sich Raucher seit kurzem hier konfrontiert sehen.

Möglicherweise besteht ein Zusammenhang zwischen der Reduktion der Buchpräsenz im Wohnraum und dem schleichenden Verlust der variantenreichen Zusatzfunktionen. Blumen werden nicht mehr gepresst, Briefe, die es zu beschweren oder verstecken gälte, kaum noch geschrieben, der Fliegen erwehrt man sich mittels Insektenspray, die Barschaft liegt sicher auf der Bank oder im Heimsafe, Tische scheinen nicht mehr zu wackeln und der Videorekorder hat sich dem Diaprojektor gegenüber völlig von der Notwendigkeit emanzipiert, mit Büchern in die richtige Position gebracht zu werden. E. T. A. Hoffmanns »Kater Murr« wusste die Bücher noch als Unterlage zum Sitzen zu nutzen, und Alfred Polgar beschreibt ihre Nützlichkeit zum Bügeln von Hosen – *zwölf Bände der Enzyklopädie* und man erspart sich das *Plättenlassen ... ein Beweis für die Richtigkeit des Spruches: Bücher sind Freunde in der Not.* Von solch nützlichen Nebeneffekten des Buchbesitzes ist heute kaum mehr etwas zu lesen, nur der Kärntner Autor und Querdenker Alexander Widner berichtet in seinen Aufzeichnungen »Gegen Tagesende« (2000) über eine originelle praktische Nutzanwendung, und das durchaus nicht respektlos:

Dickens unter Julias, Kempowski unter mein Bett, zum Anheben der Liegefläche, damit sie besser auslüftet. Dafür braucht es dicke Bücher. Und auch Bücher, die man mag. Julia mag Dickens, ich mag Kempowski. Die darf und soll man dann auch ruhig für Notwendiges verwenden. Eigentlich sollte man nur Bücher, die man auch gern liest, zum Unterlegen oder für sonstiges Praktisches verwenden. Denn ungeliebte Bücher soll man gar nicht lange im Haus haben. Ich denke, Dickens und Kempowski, zwei

Unfeierliche, werden nichts gegen ihren Nutzen für uns einzuwenden haben. Wir lesen und legen sie weiter.

Natürlich spiegelt das Verschwinden des Buches als designerisches Requisit auch den Bedeutungs- oder zumindest Imageverlust des einstigen Leitmediums Buch wider. Davon abgesehen, stellen Bücher in größer Anzahl auch eine ständige Bedrohung und Herausforderung für das Prinzip Ordnung dar. Und Angst vor dem Chaos kann zum drängenden Wunsch nach künstlicher Übersichtlichkeit und Sterilität führen, auf das Buch bezogen zu einer Art Bibliophobie. Sich der mentalen Herausforderung einer immer unrund anwachsenden Büchersammlung – auch lustvoll – zu stellen, setzt eine gewisse intellektuelle Sicherheit voraus. Wenn Walter Benjamin seine Bibliothek auspackt, dann ist die Freude am Chaos dabei.

Sie steht also noch nicht auf den Regalen, die leise Langeweile der Ordnung umwittert sie noch nicht. Ich kann auch nicht an ihren Reihen entlang schreiten, um im Beisein freundlicher Hörer ihnen die Parade abzunehmen. […] Solche Anordnung oder jede andere ist nur ein Damm gegen die Springflut von Erinnerungen, die gegen jeden Sammler anrollt, der sich mit den Seinen befaßt. Jede Leidenschaft grenzt ja ans Chaos, die sammlerische aber an das der Erinnerungen. Doch ich will mehr sagen: Zufall, Schicksal, die das Vergangene vor meinem Blick durchfärben, sie sind zugleich in dem gewohnten Durcheinander dieser Bücher sinnfällig da. Denn was ist dieser Besitz anderes als eine Unordnung, in der Gewohnheit sich so heimisch machte, daß sie als Ordnung erscheinen kann?

Ein wesentliches Element für eine angstfreie Haltung den Bücherbergen gegenüber scheint das sehr persönliche, an Erinnerungen gebundene Verhältnis zu den Büchern zu sein, die jede Buchsammlung zu einer ganz eigenen, individuellen Konfiguration macht. Walter Müller hat in seinem Roman »Ich schau dir in die Seiten, Kleines« (1993) eine unübliche Variante entworfen, Ordnung ins private Büchermeer zu bringen. Nach eher konventionellen Ordnungsversuchen – alphabetisch, inhaltlich, Erscheinungsjahr – beschließt der Protagonist bei einer neuerlichen Übersiedlung – der Albtraum jedes Büchersammlers –, seine Bücher nach Frauen zu ordnen. Der chauvinistische Aspekt dabei ist mehr ein PR-Gag, die Idee dahinter nicht uninteressant: Es geht um die Menschen (es sind nicht einmal bei Müller nur Frauen, auch wenn er die Kapitel nur nach ihnen benennt), an die bestimmte Bücher erinnern. Das setzt die Bereitschaft zu lebenslanger Offenheit für Veränderungen voraus, ein Ende des Ordnungsvorgangs bringt hier erst der Tod. *So wächst aus dem Papier ein ganzes soziales Leben* (Franz Schuh); so wird aus einer Büchersammlung eine lebendige Geschichte von Menschen und ihren Beziehungen; so wird dem negativen Unterton der Bücherwurm-Metapher etwas Handfestes, Lebendiges entgegengesetzt. *Kommen zwei Bibliotheken zusammen*, so Peter Glaser in seiner »Geschichte von Nichts«, *ereignet sich das still und groß. Was sich herausstellte, war, dass diese beiden Systeme voller Eigenarten sich sehr nahe kommen; sie verschränken sich, aber sie mischen sich nicht. Wo neben den Büchern meiner Frau Lücken in einem Regalfach waren, blieben sie aus Respekt vor einer Ordnung, in der die Reihe aufgestellt war und die sich vielleicht weiter auswachsen wollte, offen.* Diese Bereitschaft zur Offenheit setzt mehr Souveränität voraus, als man auf den ersten Blick vermuten möchte. Es ist eine Absage an das Kalkulierbare, an das Bedürfnis nach Ordnung und Übersicht, ein Sich Einlassen auf neue Situationen und Wechselfälle des Lebens, das nicht zuletzt auch im Lesen der Bücher eingeübt wird.

Demgegenüber reduziert die gezielte Bücherkargheit in den ›weißen Wohnungen‹ auch eventuelle Unlustgefühle und Ängste, die noch ungelesene Bücher ausstrahlen. Stefan Zweig interpretiert ihre Präsenz als Angebote und Versprechen in die Zukunft: *Sie sind da, wartend und schweigend. Sie drängen, sie rufen, sie fordern nicht. An der Wand lehnen sie stumm. Schlaf scheint über ihnen und doch blickt von jedem wie aufgeschlagenes Auge ein Name Dich an. Und man geht vorüber mit den Blicken, mit den Händen: sie rufen nicht nach, sie drängen nicht vor, sie fordern nicht. Sie warten, bis man ihnen aufgetan ist: dann erst tun sie sich auf.* Diese stumme Gegenwärtigkeit all des noch nicht Gelesenen kann aber auch als Bedrohung und permanenter Vorwurf empfunden werden, denn *jedes Buch ist eine Hand, die nach unserer Hand greift* (Vilém Flusser). In der Miniatur Nummer 231 seines Prosabandes »Nervenlauf« (1990) thematisiert Herbert J. Wimmer diesen Zwiespalt:

bücherwand
das objekt reicht bis an die decke des hohen zimmers. kommt der untermieter in greifnähe, verspürt er leises unbehagen, eine sanfte drohung. abends, die hauptmieter sind in der privaten finsternis ihrer schlafzimmer verschwunden, spuckt das objekt ein buch aus. automatisch greift der untermieter zu und blättert sich ein. unbekannte schriftzeichen verwüsten augenblicklich sein hirn, dämme brechen, angst und wut verformen den körper, das bewusstsein geht verloren. staunen würzt das frühstück der hauptmieter. regrediert hängt der mitbewohner kopfunter in der bücherwand, halbverdaute papierfetzen verkleben ihn fest mit dem objekt.

Wir ertragen nicht das Unerschöpfliche, sagt Max Frisch. Gegen diesen Aspekt der Bedrohlichkeit von Bücherwänden kann man sich auf verschiedene Art wehren. Man kann die Bücher verbannen wie der Industrielle in Thomas Bernhards »Verstörung« (1967). In seinem Haus *befinde sich auch kein einziges Buch, sagte mein Vater, absichtlich habe er kein einziges Buch im Haus, um nicht irritiert zu sein. Nichts irritiere mehr als Bücher, wenn man für sich sein will, für sich sein muß.* Will man auf ihre Gegenwart nicht ganz verzichten, kann man sie verstecken, zum Beispiel hinter einem Vorhang. *Die Rücken der Bücher stören mich beim Nachdenken*, sagt Alpinox, der Alpenkönig, in Barbara Frischmuths »Mystifikationen der Sophie Silber« (1976), was auf seine erstaunlich geringe intellektuelle Souveränität schließen lässt.

Ein ähnlicher Effekt wie mit dem Vorhang ist auch erzielbar durch Rückgriff auf volle Regale mit leeren Bänden, eine Bibliothek aus Blindbänden. Der französische Surrealist Marcel Béalu stellte in seinem 1944 erschienenen Roman »Erinnerungen aus dem Schatten« (dt. 1995) eine buchtechnisch erlesene Sammlung von Blindbänden vor, in die der Protagonist die Vorstellungen oder Erinnerungen an geliebte Frauen *einbindet. Unter dem Schein ehrenwerter Oktav-Bände lagen sie da, meine kleinen Lieblinge von gestern und ehedem, eine neben der anderen artig und sittsam zu guter Letzt, jede von ihnen ihrer Natur entsprechend gekleidet [...] in Leder von totgeborenen Kälbern die romantischen, in rosarotes Perkalin die falschen Unschuldslämmer, wie Meßbücher ganz in Schwarz die Leidenschaftlichen, und die Jungfrauen in weißes Maroquin [...] Ohne Anspruch auf Verfasserschaft, ohne überflüssigen Schmuck trugen sie nur eine Jahreszahl und im Nacken – statt eines Titels – ihren Vornamen.* Sexistische Untertöne sind bei Buch-Metaphern – wie überall sonst – weit verbreitet. *Dein Atem geht in fremden Atem ein, als läge der warme nackte Leib einer Frau neben Dir*, phantasiert Stefan Zweig über den geglückten Lese*akt* im »Almanach auf das Jahr 1926« der Hellerschen Buchhandlung. Und wenn er mit *genießendem Vorgefühl* an den Bücherschrank tritt, blicken die Rückentitel *stumm-geduldig dem suchenden Blick entgegen wie Sklavinnen eines Serails ihrem Herrn, demütig den Ruf erwartend und doch selig, gewählt, genossen zu sein.* Erzählen solche Denkbilder wie auch Béalus *Bibliogynie* überschriebenes Kapitel mehr von bibliophilen Männerphantasien, strahlt Wolfgang Hildesheimers *Buchbinder aus Leidenschaft* in seinem Roman »Masante« (1973) etwas Beunruhigenderes aus. Seine Bibliothek *war voller Schätze, Bücher aus herrlichen handgeschöpften Papieren, Pergamente wie geschaffen für Apokryphes oder Palimpseste, zartfarbene Vorsatzpapiere in alten Mustern, Bücher seltsamer Formen, oval und sechseckig, Arbeiten eines Lebens, und die Seiten alle leer. In seiner gesamten Bibliothek stand nicht ein einziges Wort [...] immerhin: wo es leer ist, dort* *herrscht Ordnung. Keine gemütliche Behaustheit.* Ganz ähnlich funktioniert die »Bibliotheca Sarrazina« in Maarten Asschers Erzählung »Der Brief« (1992, dt. 1993). Der einzelgängerische Professor Sarrazin hat auf der Insel Argentera eine weltberühmte Buchsammlung angelegt; ihr Geheimnis kennt nur der Kurator:

Die ganze Bibliotheca Sarrazina, *die außer aus meinen Wohnräumen aus vier geräumigen Zimmern besteht, deren Wände allesamt vom Fußboden bis zur Decke von Büchern ausgefüllt sind, enthält ausschließlich Blindbände: unbedrucktes weißes Papier. Alle diese imponierenden Bände in Leder oder Leinen, mit Goldprägung im Oktavformat oder Gott weiß wie prächtig und einfallsreich ausgeführt, befinden sich hinter wohlverschlossenen gläsernen oder mit Gaze abgedeckten festen Schranktüren, so daß außer mir niemand jemals eines der Bücher in die Hand nehmen kann.*

Schon die Bibliothek des aristokratischen Dandy um 1900 spekulierte mit ihrer gesellschaftlichen Bedeutungslosigkeit, indem sie das bibliophile Arrangement und die ästhetizistische Inszenierung absolut setzte. Ein Buch im Hause Dorian Grays muss zumindest so aussehen: *Der Einband bestand aus zitronengelbem Leder mit einem goldgeprägten Gitterornament und gepunzten Granatäpfeln.* Dennoch liest Dorian Gray auch in seinen Büchern, hier in Théophile Gautiers Gedichtsammlung »Emaillen und Kameen« (1852, dt. 1919) in der *Charpentier-Ausgabe auf Japanpapier mit den Radierungen von Jacquemart.* Und wenn er zu »diesen herrlichen Strophen über Venedig« kommt, erinnern ihn schon die Zeilen *an jene geraden türkisblauen Linien, die sich hinter einem herziehen, wenn man zum Lido hinausgleitet.* Aktuell scheinen sich buchkünstlerisch-ästhetizistische Vorstellungen vom Inhalt zu emanzipieren beziehungsweise gänzlich auf ihn zu verzichten. Dass sich das Buch die Funktion der Wissensspeicherung, die es so lange innehatte, heute mit anderen Medien teilen muss, wird als Autoritätsverlust erlebt, der seinen Nimbus von Macht, Sicherheit und Zeitresistenz zerstört. Das Buch als Metapher für das universale Archiv unserer Kultur sei heute, so Botho Strauß, *ein ebenso harmloser wie obsoleter Privatspaß*. Diese Interpretation findet sich in den Visionen der Bücherwände voll mit leeren Büchern radikal umgesetzt. Der Verzicht auf die traditionelle Funktion des Buches, Wissen zu speichern, konzentriert das Interesse auf das Buch als buchkünstlerisches Objekt, etwa so, wie die Malerei durch die Erfindung der Photographie davon befreit wurde, Abbilder der Wirklichkeit zu liefern. Dieses *Meer von Blankopapier* als reine Geste des l'art pour l'art verweigert sich jedem Diskurs und garantiert die Absenz intellektueller Beunruhigung. In den Bücherwänden der *Bibliotheca Sarrazina* ist das ideale Ordnungsprinzip verwirklicht; der Aufstellung nach rein formalästhetischen Kriterien stehen keinerlei inhaltliche Bedenken entgegen. Diese Bücher greifen nicht nach dem Leser, diese Büchersammlung ist zur absoluten Ruhe gekommen, die *interesseloses Wohlgefallen* erweckt, aber auch den Eindruck von Sterilität, und vielleicht nicht zufällig an biedermeierliche Bibliotheksentwürfe erinnert.

Wartung oder Nutzung

Wir alle sind, was wir gelesen.
Golo Mann

Stifter war zweifellos Vielschreiber wie Vielleser, sicher liebte er Bücher. Aber die Denkmäler, die er ihnen in seinem Werk gesetzt hat, lassen Bücherliebhaber eher erschauern. Seine Bücher- und Lesezimmer erinnern an die Makellosigkeit der Interieurs im Möbelkatalog von heute, aus denen geschulte Photographen jede Spur ihrer Benutzung sorgfältig entfernt haben. Nimmt ein Gast ein Buch zur Hand und lässt es am Tisch liegen, statt es wieder an seinen angestammten Platz im *Gestelle* zurückzulegen, wird er sofort angemahnt, hinkünftig dafür gewissenhaft Sorge zu tragen, *damit das Zimmer die ihm zugehörige Gestalt* behalte (»Der Nachsommer«, Teil 1, 1857). Und ein untätiger Junggeselle wie der »Hagestolz« (1852) betritt sein Bücherzimmer überhaupt nie. Der Neffe Victor hingegen ist hoch erfreut, als ihm Zutritt gewährt wird und macht sich sogleich auf seine Art an die Nutzung der Bücher: Er *putzt* sie alle mit großem Eifer. Victor *hatte nie eine Büchersammlung gesehen, außer der öffentlichen der Stadt, in der er aber, wie es begreiflich ist, nicht herumsuchen durfte. Er merkte sich den Gang und ging oft in das Zimmer. Er stellte die Leiter an alle Fächer, putzte zuerst alle Bücher, und dann las und betrachtete er die Dinge, wie sie ihm in die Hand kamen und wie sie ihn anzogen.*

Nein, es sind keine Leser, die uns Stifter beschreibt. Es sind Büchersammler, die sich das natürliche Chaos der Bücher krampfhaft vom Leib zu halten versuchen. Seit der Reformation gilt Lektüre vor allem in Zeiten gesellschaftlicher Umbrüche als potenziell staatsgefährdend, die gesellschaftliche Unordnung fördernd. Das produktive Durcheinander der Bücherberge im eigenen Wohnzimmer zu vermeiden, impliziert auch den Wunsch, mit der hier erkämpften künstlichen Ordnung und Sauberkeit das größere Chaos rundum zu übertönen – sei es das gesellschaftliche (bei Stifter die Revolution von 1848, heute die Orientierungslosigkeit angesichts des Zusammenbruchs tradierter Weltbilder und der entfesselten Prozesse der Globalisierung) oder das psychische. Von Kurt Tucholsky stammt der Begriff *Bibliothekskadaver* für die tote, weil nicht benutzte, nur geputzte Bibliothek: *Sauber ausgerichtet stehen die Buchreihen – die Rücken glänzen matt. So viel Wissen, so viel Mühe, so viel Liebe steckt darin. Liebe des Autors und Liebe des Lesers. Die Bibliothek der verheirateten Herren wird jeden Morgen gut abgestaubt, die der Junggesellen hier und da geradegerückt – auf alle Fälle ist sie da. Wann wird sie gelesen?* Thomas Bernhard charakterisiert seine Figuren häufig über ihr Verhältnis zum Buch(besitz).

Sie hatten zwar Tausende von Büchern in den Bibliotheken in Wolfsegg, das fünf Bibliotheken beherbergt, und diese Bücher in absurder Regelmäßigkeit drei- oder viermal jährlich abgestaubt, aber sie hatten diese Bücher aus diesen ihren Bibliotheken niemals gelesen. […] Die fünf Bibliotheken in Wolfsegg, vier im Haupthaus, eine in den Nebengebäuden, waren schon von meinen Ururgroßeltern angelegt worden, meine Eltern hatten nicht einen einzigen Band dazu angeschafft. […] Mein Vater las kein Buch, meine Mutter blätterte nur ab und zu in alten naturwissenschaftlichen Büchern, um sich an den farbenprächtigen Stichen, die diese Bücher schmückten, zu ergötzen. Meine Schwestern betraten die Bibliotheken überhaupt nicht, es sei denn, sie zeigten sie Besuchern, die den Wunsch geäußert hatten, unsere Bibliotheken sehen zu wollen.

Das ist ein langes Sündenregister im Umgang mit Büchern, das der Erzähler in Thomas Bernhards »Auslöschung« (1986) hier nutzt, um mit seiner Familie abzurechnen. Die Bücher werden nicht gelesen nur gewartet; sind zu Prestigeobjekten im Dienste der Repräsentation degradiert; die Eltern tragen nichts zur Erweiterung der Sammlung bei, der Abstand zur Gründergeneration der Bibliothek könnte größer nicht sein – das bekräftigt das dreimalige *ur*. Die Textschleifen und Verabsolutierungen unterstreichen das Gewicht der Verfehlungen, um nicht zu sagen Degeneration, die er seiner Familie vorwirft. Ein einziges Wort scheint zunächst herauszufallen: Sich an farbenprächtigen Stichen *ergötzen*, das gehört mehr in die Sphäre der buchliebenden Ururgroßeltern, außer man interpretiert es in jene Richtung, die Doderers Herzka mit seinem Passional unverblümter auslebt – immerhin gilt die Vorliebe der Mutter den Stichen in naturwissenschaftlichen Werken. Die sind auch in vielen Leserbiographien die erste juvenile Anlaufstelle in Sachen erotischer Anregung.

Bücher vom Staub zu reinigen, ist natürlich nicht an und für sich etwas Schlechtes, im Gegenteil, es ist notwendig und die Arbeit jener, die es tun, wird von Schöngeistern gerne übersehen. *die gute putzfrau / mit dem staubwedel*, ist der Schlussvers von Ernst Jandls Gedicht *bibliothek*. In Marlen Haushofers Roman »Die Mansarde« (1969) findet sich die vielleicht ausführlichste Beschreibung einer Buch-Reinigungsaktion. In einem Zustand tiefer Depression stürzt sich die Ich-Erzählerin über den Bücherkasten, *der schon ein halbes Jahr nicht mehr ausgeräumt und abgestaubt worden war*. Nach und nach befördert sie die Bücher auf die Veranda und rückt dem Schmutz dort mit Staubtuch und Bürste zu Leibe. Eigenartig ist ihr Transportsystem: Sie stapelt die Bücher nicht aufeinander, sondern füllt sie, auf der Trittleiter stehend, in ihre Schürze. Das hab ich noch nie versucht, aber es dürfte funktionieren. Während der Aktion scheinen sich die Bücher zu verlebendigen. Erinnerungen an Menschen tauchen auf, die mit dem einen oder anderen Buch verknüpft sind, viele davon sind unangenehm. Unterdes geht die Arbeit weiter, die Hände werden immer schwärzer, die Schmerzen im Kreuz immer größer (vielleicht doch nicht die ideale Transporttechnik), der Geschmack im Mund immer bitterer. *Nichts ist so bitter wie der Staub auf alten Büchern. Und immer noch nahmen die Bücher keine Ende. In Reih und Glied stehend, sehen sie ganz übersichtlich aus; so bald man sie aber herausnimmt, verwandeln sie sich in ein Gebirge, das kaum zu überblicken ist.* Da sind sie wieder, das Chaos und die besänftigende Wirkung des *Parademarsches*, hier deutlich verbunden mit der psychischen Befindlichkeit: Hätte sie die Bücher in ihrer optischen Ordnung belassen, wäre manch schmerzliche Erinnerung nicht wach geworden, wiewohl es andererseits genau diese Erinnerungen sind, die einer Büchersammlung Leben verleihen.

Sowohl vom putztechnischen her wie unter dem Aspekt der Chaosvermeidung wäre die ideale und zugleich finale Lösung des Mengenproblems die Bibliothek in einem Buch. Die Bibliotheksmetapher ist immer gespannt zwischen der Unendlichkeit der imaginierten Welten und ihrer Kompression auf eine Formel. Die Idee vom Überbuch ist vielfach angedacht worden. Schon E. T. A. Hoffmann erfand in seiner Novelle »Die Brautschau« (1829) die vollständige *Taschenbibliothek* in Gestalt eines Chamäleonbuchs. Der geheime Kanzleisekretär bekommt vom Goldschmied ein Kästchen, darin statt des erhofften Bildes seiner Geliebten Albertine ein *in Pergament gebundenes Buch* verborgen ist. Mit diesem Buch, so der Goldschmied, *habt Ihr die reichste, vollständigste Bibliothek erlangt, die jemals einer besessen und die Ihr noch dazu beständig bei Euch tragen könnt. Denn habt Ihr dieses merkwürdige Buch in der Tasche, so wird es, zieht Ihr es hervor, jedes Mal das Werk sein, das Ihr eben zu lesen wünscht.* Als schönen Traum hat sich noch Erich Fried die Vorstellung vom persönlichen Zauberbuch, das sich der Stimmung anpasst und in den jeweils gemäßen Lesestoff verwandelt, erhalten:

Am Morgen

Ich gehe an meinen Bücherschrank
Und suche
Das Buch
Das ich lesen will
Es kann mich trösten
Das weiß ich

Ich finde es nicht
Sein Titel
Sein roter Einband
Sein seidenes Lesezeichen –
Das ganze Buch
War mein Traum

Von Jean Paul stammt eine arte povera-Variante der idealen ›individuellen‹ Bibliothek. Sein »Schulmeisterlein Wutz« pflegt sich die Bücher selbst zu verfassen.

Der wichtigste Umstand […] ist nämlich der, daß Wutz eine ganze Bibliothek – wie hätte der Mann sich eine kaufen können? – sich eigenhändig schrieb. Sein Schreibzeug war seine Taschendruckerei; jedes neue Meßprodukt, dessen Titel das Meisterlein ansichtig wurde, war nun so gut als geschrieben oder gekauft: denn es setzte sich sogleich hin und machte das Produkt und schenkt' es seiner ansehnlichen Büchersammlung, die, wie die heidnischen, aus lauter Handschriften bestand.

Bücher, die uns glücklich machen, könnten wir zur Not selber schreiben, notiert Franz Kafka am 27. Jänner 1904 in einem Brief an Oskar Pollak, und die Passage schließt mit dem vielzitierten Satz: *ein Buch muß die Axt sein für das gefrorene Meer in uns.*

Eine andere Form der individuellen Bibliothek ist die Zitatensammlung, das Florilegium aus einzelnen, dem Sammler bedenkenswert scheinenden Sätzen. An einem solchen Sammelsurium baut Gesualdo Bufalinos »Ingenieur von Babel«. *Es handelt sich darum, Tausende und Abertausende erlesener Seiten auszupressen, durch den Fleischwolf zu drehen, zu verstümmeln und ein ungenießbares Gulasch daraus zu servieren. Einem solchen Gestammel zum Konzil versammelter Eunuchen ziehe ich das Schweigen vor*, wendet sein Gesprächspartner ein, doch der Ingenieur von Babel hält an seiner Idee fest, denn *schon morgen oder übermorgen kann die Sintflut* … Und wie einst zu Babel geht es auch für den Ingenieur nicht gut aus. Er verliert über der Unendlichkeit seiner Aufgabe den Verstand, nachdem er aufgrund unsachgemäßer Buchhandhabung zuvor seinen Job als Bibliothekar verloren hat. Wie schon erwähnt, pflegte er im Dienste seiner *Aufstellung denkwürdiger incipit und desinit [...] und summa von Leitsprüchen, Inschriften, Geistesblitzen, Moralitäten* den Beständen der Bibliothek mit der Schere zu Leibe zu rücken – solcherart finale Lesespuren hinterlassend.

Georg Christoph Lichtenberg fasste die Idee seines *Allbuchs* abstrakter. Es müsste aus sämtlichen überhaupt möglichen Kombinationen des Alphabets bestehen und enthielte alles, was je gedacht und geschrieben worden war und werden wird. Auch Stéphane Mallarmé entwickelt in seinen »Divagations/Abschweifungen« (1896) den Gedanken eines Buches, das die Idee des Buches überhaupt verwirklicht. Da aus einer endliche Menge von Buchstaben eine unendliche Menge von Wörtern und Sätzen gebildet werden kann, müsste sich das gedachte Buch als eine Art erweiterte Anwendung aller geschriebenen Sprache darstellen. Mallarmé nennt als Methoden dafür eine das Sinngefüge der Sätze abbildende Typographie und die Rhythmisierung des Textes durch die Seiten bzw. Bogenlagenfolge des noch unaufgeschnittenen Bandes. Jorge Luis Borges nimmt beide Aspekte des Mallarméschen Gedankenspiels auf. In seiner »Bibliothek von Babel« (1944, dt. 1959) ist es der typographische Aspekt bzw. das Spiel mit den Buchstaben: In irgendeinem Regal irgendeines Sechsecks der unendlichen Bibliothek von Babel muss es zu finden sein, das totale Buch, das *Inbegriff und Auszug* aller ist und alle möglichen Kombinationen aller Schriftzeichen enthält. Nur seine imaginierte Existenz gibt den Bibliothekaren und damit den Menschen, der Bibliothek und damit dem Universum Sinn und Zusammenhalt. »Das Sandbuch« (1975, dt. 1977) hingegen, das der Ich-Erzähler in Borges' gleichnamiger Erzählung von einem Hausierer erwirbt, greift die Idee der totalen Rhythmisierung auf. Wie der Sand hat dieses Buch weder Anfang noch Ende. *Es kann nicht sein, aber es ist so. Dieses Buch hat nämlich eine unendliche Zahl von Seiten. Keine ist die erste, keine die letzte.* Und jede Seite gibt es für den Leser/Betrachter nur ein Mal. Schlägt er das Buch wieder zu oder blättert weiter, ist das Gesehene für immer verloren, denn die Seiten wiederholen sich nie und erneuern sich ständig. Die Unruhe, die vom Besitz dieses *unendlichen* Buches ausgeht, ist so groß, dass es seinem Besitzer den Schlaf raubt, und so entledigt er sich des Sandbuches mit einer Art negativem Bibliotheksdiebstahl: Er schmuggelt es in einem unbeobachteten Moment in ein verborgenes Regal der Nationalbibliothek von Buenos Aires ein. Dort blieb es bis heute unentdeckt, zumindest ist es aktuell nicht zu finden, wie Ulrich Holbaum bedauert: *An keinem Horizont kommt ein Buch in Sicht, in das alle vorhandenen Bücher, alle sich versteckenden, alle zukünftigen, sogar alle verlorenen und ungeschriebenen zusammenflössen zu einem wirklichen Buch der Bücher, einem Überformat.* Wo und wie aber wäre das sinnvoll zu lagern?

Von Tollhäusern, Tieren und Tintenfässern

Abenteuer im Lesesaal

Die Literatur befindet sich in einer Krise. Die Bücherei befindet sich im ersten Stock.
Alois Brandstetter

Das Bild der Bibliothek ist eine veränderliche Metapher für den Umgang der Gesellschaft mit Wissen und kollektivem Gedächtnis. Am Beginn der Neuzeit nimmt mit dem Verlust der Totalität des Buches/der Heiligen Schrift die Bibliothek an Komplexität zu, ihre Aufgaben diversifizieren. Das impliziert nicht nur qualitative, sondern auch quantitative Sprünge. Mittelalterliche Klosterbibliotheken hatten selten mehr als 300 Bände, noch im 15. Jahrhundert sind Büchersammlungen jenseits der Tausendermarke – wie jene des italienischen Humanisten Giovanni Pico della Mirandola (1463–1494) mit 1.190 Bänden – die Ausnahme. Heute ist den privaten und öffentlichen Bibliotheken das Mengenproblem gemeinsam. *Das Rinnsal der Literatur ist zu einem Sturzbach angewachsen*, schrieb Washington Irving beim Besuch der British Library, als diese 51.000 Bücher zählte, und die Debatten über den Umgang mit dem Problem der zunehmenden Quantität, die gern als Zeichen sinkender Qualität wahrgenommen wird, sind seither nicht mehr verstummt. Das ständige Wachstum stellte die Bibliotheken auch vor organisatorische und verwaltungstechnische Herausforderungen, die zur Invention von neuen Katalogisierungssystemen wie Deweys Dezimalklassifikation ebenso führten wie zur Verwissenschaftlichung der Ausbildung für Bibliothekare. Das Prinzip der Alphabetisierung, eine Erfindung des griechischen Gelehrten Kallimachos (ca 310–240 vuZ), der in der Bibliothek von Alexandria die erste Bibliographie anlegte, wurde übrigens erst mit der Wiedergeburt der antiken Buchkultur in Florenz und Rom in die neuzeitliche Bibliothek eingeführt.

Doch hier geht es nicht um bibliothekswissenschaftliche Aspekte, sondern um die Bibliothek als Hort und Ort für den Leser. *Wichtigeres [...] als fast alles, was ich damals erleben konnte, geschah: Ich wurde Entlehner der in der winzigen Hafnergasse gelegenen Volksbibliothek, einer Filiale der Zentralbibliothek.* So beschreibt Manès Sperber im ersten Band seiner Autobiographie »Die Wasserträger Gottes« (1974) seine Initiation zum Leser. Die Bibliothek als *Rastplatz für Höhenflüge oder Fangkorb bei Abstürzen* (Gottfried Rost) ist von SchriftstellerInnen mit eben so vielen Lobeshymnen bedacht worden wie das Buch selbst, da *jede Leidenschaft von einer Vorliebe für die Umgebung ihres Gegenstandes begleitet wird* (Marcel Proust). Ehrfurcht und Bewunderung sind darin enthalten, aber auch Beunruhigung, Zweifel und Verunsicherung. *Ich kann nie eine Bibliothek betreten, ohne zu fühlen, daß meine Unwissenheit die Bände spricht, aus denen sie besteht!* (Felix Pollak)

Die Macht der Wissensbibliothek, so Hans Blumenberg, *beruht allein auf ihrer Existenz – auf der endlosen Wucherung des bedruckten Papiers.* Das Image ihrer Verwalter ist von jeher ein zwiespältiges, zusammengesetzt aus Ehrfurcht, Scheu, Bewunderung und Verachtung. Klaus Döhmer hat 1982 in seiner Untersuchung »Merkwürdige Leute« die bis heute umfangreichste Sammlung literarischer Fundstellen zum Thema BibliothekarInnen zusammengetragen. Muffigkeit, Ärmelschoner, gelbe Haut, spitze Nasen und beim weiblichen Personal eine besonders strenge Haartracht (Dutt) sind beliebte Klischees zur Visualisierung der ›papiernen‹ Existenz der Diener am Buch. Doch es funktioniert auch andersherum: Die Ignoranz gegenüber dem Bibliothekar und seiner mit ökonomischen Kriterien nicht messbaren Tätigkeit kann auch zur Entlarvung philiströser Dummheit dienen. *Mein Bibliothekar wird Sie zufriedenstellen, denn er beschäftigt sich Tag und Nacht damit, alles das, was Sie da sehen, zu entziffern. Er ist ein Mensch, der zu nichts nütze ist und uns sehr zur Last fällt, weil er nicht für das Kloster arbeitet,* lässt Montesquieu in seinen »Persischen Briefen« (1721, dt. 1760) den Abt eines französischen Klosters sagen und stellt damit seine intellektuelle Ignoranz ins Schaufenster. Wenn Robert Musil im ersten Teil seines Romans »Der Mann ohne Eigenschaften« (1930) seinen General Stumm von Bordwehr im strategisch platzierten Kapitel einhundert in eines dieser *Fieberparadiese* (Gottfried Benn) schickt, nämlich in den Katalogsaal der Wiener Nationalbibliothek, geht es um die Frage, wie eine Gesellschaft mit der *Macht der Wissensbibliothek* umgeht. *Da war ich dann also wirklich im Allerheiligsten der Bibliothek*, berichtet der General. *Ich kann dir sagen, ich habe die Empfindung gehabt, in das Innere eines Schädels eingetreten zu sein; rings herum nichts wie diese Regale mit ihren Bücherzellen, und überall Leitern zum Herumsteigen, und auf den Gestellen und den Tischen nichts wie Kataloge und Bibliographien.* Des Generals Erwartungshaltung ist enorm, auch an den Verwalter der Bücher, *ich habe mir einfach gedacht, dieser Mensch lebt doch zwischen diesen Millionen Büchern, kennt jedes, weiß von jedem, wo es steht: der müßte mir also helfen können.*

Doch die Effizienz der Verwalter des Buchwissens lebt davon, dass sie sich auf das Ordnen und Wiederfinden konzentrieren, nicht aber auf das Lesen. *Die Welt der Bücher lebt im Bibliothekar vornehmlich in der Abstraktion ihrer Titel* (Gottfried Rost), was Robert Musil, von 1911 bis 1914 Bibliothekar der Technischen Hochschule in Wien, wohl bekannt war. *Sie wollen wissen, wieso ich jedes Buch kenne? Das kann ich Ihnen nun allerdings sagen: Weil ich keines lese!* erklärt der Bibliothekar dem bestürzten General. *Es ist das Geheimnis aller guten Bibliothekare, daß sie von der ihnen anvertrauten Literatur niemals mehr als die Büchertitel und das Inhaltsverzeichnis lesen. ›Wer sich auf den Inhalt einläßt, ist als Bibliothekar verloren!‹* So gesehen erhält Thomas Bernhards Formulierung aus der Erzählung »Ungenach« (1968) eine andere Dimension: *Der Geist wird, wo immer er auftaucht, fertiggemacht und eingesperrt [...] Unsere Bibliotheken sind sozusagen Strafanstalten, in welche wir unsere Geistesgrößen eingesperrt haben.* Dennoch, jede *Bibliothek ist ein fikti-*

ves Bauwerk aus Buchstaben und Ideen, Wörtern und Sätzen, ein mikrokosmisches Modell des menschlichen Geistes – egal wie groß oder klein sie ist (Gerhard Roth). Niemand vermag zu sagen, was in den *Tollhäusern* (Robert Musil) der Bücher und ihren Speicheruntiefen noch der Entdeckung harrt, und unbestritten ist die besondere Aura der Bibliothek als Ort der Ruhe und Stille und auch der Inspiration.

Die Bücherborde waren vom Fußboden bis zur Decke vollgestopft. Die obersten waren sechs oder acht Fuß außer Reichweite und wurden von einer Leiter auf Laufrollen bedient, die in Messingschienen im Fußboden liefen. Ein langer Tisch aus poliertem Walnuß spannte sich fast durch die ganze Länge des Raumes zu einem großen Fenster, das ein fahles leuchtendes Licht hereinließ. Am anderen Ende des Tisches tickte eine Standuhr in Mahagoni sanft die Sekunden fort. Die Luft war schwer von einem trockenen modrigen Geruch.

Das sind die Zutaten des stimmigen Bibliotheksambientes: Edle Materialien – Walnussholz ist nicht nur erlesen, sondern erinnert auch an die Frucht des Baums, deren beide Hälften das Gehirn des Menschen nachzubilden scheinen; hohe unerreichbare Buchwände, die eine *Enzyklopädie der Buchbindekunst* beherbergen; diese Buchwände wollen *bedient* sein – es geht hier um das Buch, nicht um den die Bücher nutzenden Menschen; ein überdimensionierter Tisch, denn Großformate brauchen Raum; die spezifische Geruchsmischung; das von außen einfallende Licht, das die Staubpartikel in der Luft sichtbar macht; als akustischer Reiz das Ticken der Uhr – natürlich in einem Gehäuse aus Mahagoni. Das Geräusch zitiert auch alle Vanitas-Stilleben herbei, bei denen Buch (Symbol der begrenzten menschlichen Erkenntnisfähigkeit) und (Sand)Uhr (Symbol der Endlichkeit des menschlichen Lebens) zum klassischen Repertoire gehören. Was Thomas Norfolk in »Lemprières Wörterbuch« (1991, dt. 1992) hier vorstellt, ist zwar die Privatbibliothek des Viscount Casterleigh, und der Titelheld wird recht ungeschickt mit den pathetischen Worten: *Tretet ein, John Lemprière, Euer Schicksal harret Euer!* begrüßt, doch die Beschreibung trifft die Bibliothek als Ort ästhetischer Wahrnehmung sehr gut. Bibliotheken funktionieren als eine Art Gesamtkunstwerk, und daher sind auch Bildbände über die größten, schönsten oder ältesten Bibliotheken der Welt fast immer enttäuschend. Den Abbildungen gelingt es kaum je, das Ambiente wirklich einzufangen. Dazu gehören einfach die Lichtverhältnisse, der trockene Geruch, das Knistern umgeblätterter Seiten, das tastende Hinstreichen über die Rücken (zumindest die Möglichkeit dazu) und der feine Papierstaub in der Luft.

Niemals und nirgends, bis heute, habe ich mich geborgener gefühlt als an meinen [!] Platz in diesem Lesesaal: unter Gleichgesinnten und doch allein, abgeschirmt von der Außenwelt und doch ohne klaustrophobische Enge, schreibt Hilde Spiel in ihrem Abschied von der British Library. Leser teilen ihre Leseerlebnisse gerne der Community der Leser mit, auch jene in Bibliotheken. *Wie vielen Menschen habe ich schon von dem großen Lesesaal der Bibliothèque nationale in Paris vorgeschwärmt!* schreibt Wilhelm Genazino. *Beim glücklichen Schildern merke ich, wie meine Zuhörer auf mich neidisch werden, weil ich diesen Saal kenne und sie nicht. Dann erzählen sie von Lesesälen, die mir unbekannt sind, und ich spüre, wie während ihrer Beschreibungen in mir das Gefühl eines Mangels entsteht. So vertreiben wir gegenseitig unsere Entbehrungen, bis wir in ein kennerisches Murmeln ausbrechen und Glück und Neid eins geworden sind.*

Der besonderen Atmosphäre in alten Lesesälen, die eine gewisse Vertrautheit und Gemeinsamkeit der Leser ebenso umfasst wie Diskretion, Rücksichtnahme und eine weitgehende Garantie auf Exterritorialität des jeweiligen Leseplatzes, haben viele AutorInnen ihre Referenz erwiesen. *Es sind viele Leute im Saal, aber man spürt sie nicht. Sie sind in den Büchern. Manchmal bewegen sie sich in den Blättern, wie Menschen, die schlafen und sich umwenden zwischen zwei Träumen.* So beginnt Rainer Maria Rilkes Hommage an die Pariser Bibliothèque Nationale in den

»Aufzeichnungen des Malte Laurids Brigge« (1910). Im Lesesaal findet die ideelle Gemeinschaft der Leser ihre räumliche Entsprechung. *Das gemalte Laub in den Deckenfeldern der Bibliothèque Nationale. Wenn unten geblättert wird, rauscht es droben*, notiert Walter Benjamin im »Passagen-Werk«.

Das Behagen, das alte Lesesäle vermitteln, hat viele Wurzeln, architektonische ebenso wie raumklimatische. Ganz wesentlich ist sicher die Ausstrahlung der Bücherwände daran beteiligt, die eine fühlbare Präsenz imaginierter Welten und gesammelten Wissens vermitteln. Und wie sich die Aura sakraler Orte über die Jahrhunderte mit den emotionalen Überschüssen und Erwartungshaltungen der Millionen Gläubigen angereichert haben mag, ist in den Lesesälen die Denk- und Lesearbeit von Millionen Lesern atmosphärisch zu spüren. *Wenn die Wahrheit nicht in den Regalen des Britischen Museums gefunden werden kann, wo, fragte ich mich, indem ich nach einem Notizbuch und einem Bleistift griff, wo sonst ist die Wahrheit?* schreibt Virginia Woolf in ihrem Essay »Ein Zimmer für sich allein« (1929, dt. 1978), in dem sie auch den jahrhundertelangen Ausschluss der Leserinnen aus den *Tollhäusern* thematisiert. In dem *großen alten Saal, beim Licht der grünen Lämpchen, in der Stille der feierlichen Buchstabenabspeisung*, während *die Leser auf leisen Sohlen schlichen, leise husteten, leise umblätterten, als fürchteten sie, die Geister zu wecken, die zwischen den Buchdeckeln hausten*, sind geistige Höhenflüge *denk*bar, wie hier in Ingeborg Bachmanns Erzählung »Das dreißigste Jahr« (1961): *Und als er dachte und dachte und wie auf einer Schaukel hoch und höher flog, ohne Schwindelgefühl, und als er sich den herrlichsten Schwung gab, da fühlte er sich gegen eine Decke fliegen, durch die er oben durchstoßen mußte. Ein Glücksgefühl wie nie zuvor hatte ihn erfaßt […] Da traf und rührte ihn ein Schlag, inwendig im Kopf […] Er hatte seine Kapazität zu denken überschritten oder vielleicht konnte dort kein Mensch weiterdenken.*

Nur einer leidenschaftlichen Bettleserin wie Colette gelingt es nicht, sich im Lesesaal heimisch zu fühlen: *Ich versuchte mich in der Bibliothek Mazarine einzurichten, aber ich glaube, es wäre mir ebenso leicht geworden, auf den Türmen von Notre-Dame zu arbeiten, so kalt war es in den Sälen. [...] In der Bibliothek versammelten sich einige alte ›Bücherwürmer‹, die mumienhaft, unbeweglich und zufrieden an einem Tische saßen und gar nicht zu bemerken schienen, daß ihre Nasen blau wurden und sich im Frost kristallisierten; ich beneidete sie um diese Erstarrung und paßte auf, wie sie sich niedersetzten und aufstanden, um mich zu überzeugen, daß sie keine Holzpuppen wären.* Ist dieses Unbehagen Colettes, die sich selbst als das *frostigste Wesen, das mir jemals vorgekommen ist*, bezeichnet, durchaus verständlich, hat sich Hans Weigel als Büchermensch mit dem Satz: *Es ist gewiß nicht üblich, Bibliotheken zu lieben. Höchstens Bibliothekarinnen oder Bibliothekare* doch recht deutlich desavouiert.

Die beste Definition der Heimat ist Bibliothek – so lautet gewissermaßen der Schlüsselsatz in Elias Canettis großem Bibliomanie-Roman »Die Blendung«, erschienen zwei Jahre bevor Canetti 1938 seine Heimat verlassen musste. *Vielleicht habe ich damals in dieser Bibliothek trotz der immer aussichtsloser erscheinenden Situation meine glücklichsten Stunden verbracht*, schreibt die Kunsthistorikerin Hilde Zaloscher in ihrer Autobiographie »Eine Heimkehr gibt es nicht« (1988) über die letzten Wochen und Tage vor ihrer Flucht ins Exil. Mit Hilfe einer genauen Rekonstruktion der Bibliothekssituation im verlorenen Salzburger Heim auf dem Mönchsberg versuchte Friederike Zweig für Stefan Zweig die verlorene Heimat ins Londoner Exil zu retten. Es ist nicht gelungen. Stefan Zweig wanderte weiter und nahm sich 1942 in Brasilien das Leben. Die Vorstellung, der Realität zu trotzen, indem man zumindest in den vier Wänden des eigenen Bücherzimmers das politische Geschehen leugnet, zeigt nicht nur die enorme Bedeutung, die der Buchwelt im Leben dieser AutorInnengeneration zukam, sondern auch die radikale Fehleinschätzung der politischen Realität, die ihnen vielfach zum Verhängnis wurde. In der Situation des Exils entfaltete das Buch dann nicht selten eine andere Funktion, und zwar die des

Subsistenzmittels. In vielen Berichten – auch jenem von Hilde Zaloscher – ist nachzulesen, wie der Verkauf von mitgenommenen Büchern kurzfristig über ökonomische Engpässe hinweghelfen musste.

Richard Brautigans Bibliothek hätte in dieser Situation ökonomisch nicht geholfen, vielleicht aber menschlich. Im Zentrum seines Romans »Die Abtreibung« (1970, dt. 1985) steht ein besonderer Bibliothekar einer besonderen Bibliothek. Sie ist rund um die Uhr geöffnet, die Besucher kommen vorwiegend nachts, an Wochenenden und Feiertagen. Hier werden Bücher nicht ausgeborgt und nicht angekauft, sondern beherbergt. *Wir verwenden weder Deweys Dezimalklassifikation noch irgendein anderes Katalogisierungssystem, um unsere Bücher zu registrieren. Wir verzeichnen ihren Eingang in der Bibliothek im Bibliotheks-Hauptkatalog, und dann geben wir das Buch dem Autor wieder zurück, und es steht ihm frei, es überall in der Bibliothek, wo er nur will, einzustellen, ganz gleich, in welches Regal. Wo es ihm eben gefällt.* Es sind einsame Schriftsteller oder Tagebuchschreiber, die in verlorenen Stunden ein Gespräch suchen und ein würdiges Heim für ihre Schriften, für die in der Gesellschaft kein Bedarf besteht. Sie kommen mit ihren Kladden, Ordnern und Manuskripten und suchen sich nach Belieben einen Platz für ihre Werke, mit Titeln wie »Immer schön ist die Liebe«, ein Buch, für das sein Autor Charles Green in 33 Jahren bei 459 Verlagen keine Publikationsmöglichkeit fand, oder: »Wie man bei Kerzenschein in Hotelzimmern Blumen züchtet« von Mrs. Charles Fine Adams.

Tiere am Buch – Parasitär

Läuse verbreiten den Typhus – wie manche Denker ihre Gedanken –, ohne daran selbst zu erkranken.

Stanislaw Jercy Lec

Jonathan Swifts »Vollständiger und wahrhaftiger Bericht über die Schlacht vom letzten Freitag zwischen den antiken und den modernen Büchern in der Bibliothek von St. James« beschreibt den anno 1697 tobenden Kampf zwischen den Autoren der griechisch-römischen Antike und den (damals) modernen, den Swift die Bücher selbst austragen lässt. Die Auseinandersetzung bricht an einem Paradigmenwechsel der Wissenskultur aus, der an Radikalität durchaus jenem vergleichbar ist, den wir heute erleben. *Da das Manuskript infolge eines Mißgeschicks oder der Verwitterung an mehreren Stellen schadhaft ist*, lässt uns der Autor über den Ausgang der Schlacht, in der *ganze Ströme von Tinte geflossen* sind, im Ungewissen. Swift selbst positioniert sich, indem er den *Modernen* die Göttin *Kritik* zuordnet, eine Tochter von *Unwissenheit* und *Stolz*. In den Büchern, so die zugrundeliegende Vorstellung der Bücherschlacht, ist der Geist des Autors *eingeträufelt und bleibt darin verwahrt, solange er lebt, und nach seinem Tod wandert seine Seele dahin, um sie zu erfüllen*. So geht ein *ruheloser Geist [...] über jedem Buch um, bis Staub oder Würmer es verzehrt haben.*

Ingomar von Kieseritzky greift in seinem Roman »Anatomie für Künstler« (1989) diese Idee wieder auf. Seinem Onkel Marun setzen die *Geister der Bibliothek* des Nachts *monomanisch* zu. *Newton kommt mit seiner staubigen Allonge-Perücke und sagt nach einer kleinen, nur angedeuteten Verbeugung, es sei dreieinhalb Minuten vor 12. Erasmus drohte mir letzthin mit dem Finger; Voltaire verstopfte den Abfluß des Klosetts im Parterre und sagte triumphierend den rätselhaften Satz: ›Enfin! Entre chien et loup‹ mit seinem unschlagbaren esprit naturel.* Mit Salz, Knoblauchketten und pulverisiertem Bilsenkraut kämpft Marun an gegen besonders aufdringliche Geister, wie die von Charles Lamb, John Aubrey und John Donne. Etliche Geister, die Marun hier drangsalieren, waren schon an Swifts »Bücherschlacht« beteiligt. Sie leben noch, weil Swift ihr Fortleben an die materielle Existenz der Bücher gebunden hat. Erst wenn der Zahn der Zeit bzw. der Buchschädlinge sein Werk getan hat, sind die im Buch enthaltenen Gedanken unschädlich, weil mit dem Buchkörper endgültig verschwunden. Heute denkt man dabei eher an die finale Löschung von digital gespeichertem Wissen durch Systemkrankheiten und -fehler. Damals wie heute, könnte man sagen, wurde mit mehr oder weniger Erfolg, aber zweifellos unermüdlich, an geeigneten Abwehrprogrammen und Schutzmauern gearbeitet.

In Gaetano Volpis erwähntem Vademekum für den praktischen Umgang mit Büchern aus dem Jahr 1756 finden sich auch Richtlinien für den Kampf gegen unliebsame tierische Mitleser und Buchbeschmutzer. Ein wichtiger Punkt ist die Warnung vor dem Schaden, der den Büchern durch Hunde- und Katzenurin erwächst, was einige Rückschlüsse auf die hygienischen Zustände in den Bibliotheken seiner Zeit zulässt. Daneben sammelt er aber auch Tipps und Tricks für den Abwehrkampf gegen tierische Kleinlebewesen, Schimmelpilze und Viren, die neben Tinten- und Säurefraß bis heute aktuelle Gegner geblieben sind. Da sind Bücherläuse (Troctes divinatorius) und -skorpione (Chelifer cancroides) oder das bekannte Silberfischchen (Lepisma saccharina), das mit Hilfe besonderer Enzyme problemlos Papier verdauen kann. Es schätzt auch Kohlehydrate wie Zucker, Graupen und Mehl und findet selbst an eingetrocknetem Leim Geschmack. Bedrohlich sind kolportierte Mengenangaben über seine Fortpflanzungsfähigkeit. Der Silberfischchen-Spezialist J. A. L. Watson schätzt die diesbezügliche Leistungsfähigkeit eines Pärchens auf rund 785 Millionen Nachkommen pro Jahr, die allerdings durch eine hohe Mortalitätsrate stark vermindert werden. Äußerst aktiv sind auch die weit verzweigten Familien der Schaben (Blattaria) und der Klopfkäfer (Anobiidae), die sich vor allem während der Paarungszeit mit Klopfzeichen verständigen. Die Früchte ihrer Liebe heißen Holzwürmer, da sie sich während ihres mehrjährigen Larvenstadiums Gänge durch Holz und Papier fressen. In Hermann Peter Piwitts Roman »Die Gärten im März« (1979) lässt die reiche *Fauna wenig benutzter Bücher* den Studenten Ponto in wahre Begeisterungsstürme ausbrechen: *Die Bücherlaus, im Naturkundemuseum die feinen Schüppchen von Schmetterlingsflügeln abweidend. Der Bücherskorpion, obschon ohne Giftstachel – ein Schutzmann ohne Säbel! – über diese Polizeigewalt ausübend [...] Der Klopfkäfer schließlich, auch Totenuhr, oder Dengelmann, [der] mit seinem Klopfen sein Weibchen zur Hochzeit* lädt.

Einer der Hauptgründe für jede dieser Invasionen ist schlechte Haltung der Bücher. Unter dem Stichwort *Staub*, dem *Hauptfeind der Bücher*, beschwört Volpi daher den Buchbesitzer, regelmäßig den Staub vom *Kopf* der in den Regalen aufgereihten Bücher zu entfernen. Auch Giuseppe Arcimboldo hat seinem aus Büchern zusammengesetzten Porträt »Der Bibliothekar« (um 1566) mahnend einen Bart aus Staubwedeln in Gestalt von Tierschwänzen verpasst. Abstauben alleine genüge allerdings nicht, vielmehr sei es notwendig, *nach einigen Jahren* die Bücher *mit Gewalt* aus den Regalen zu schleudern, damit die Larven des Holzwurms herausfallen und getötet werden und so die von ihnen begonnene *hassenswerte Arbeit* nicht fortsetzen können. Als vorbeugende Maßnahmen empfiehlt Volpi Regale aus Zypressenholz; außerdem sollen Bücher nie offen liegen gelassen werden, da sie so ungeschützt dem Parasitenbefall und den Attacken verschiedensten Getiers ausgesetzt sind, vor allem den *schmutzigen und unverschämten Fliegen*. Zur Entfernung ihrer Exkremente beschreibt Volpi ausführlich Papierwaschrituale mit Süß- oder auch Salzwasser, die man vielleicht nicht an seinem Lieblingsbuch erproben sollte. Unbedingt notwendig sei auch der

Verzicht auf andere Lesezeichen denn am inneren Buchrücken befestigte Seidenfäden, da eingelegte Papierstückchen und dergleichen lockende Einfallstore für Fliegen, Holzwürmer und andere Insekten bilden. Besondere Gefahren für die Bücher gingen im Lauf der Jahrhunderte auch von den wechselnden Beleuchtungstechnologien aus, seien es Wachstropfen und Ruß – von der Brandgefahr ganz zu schweigen – oder später die Gasdünste, die vor allem den Lederbänden zusetzten.

Bei aller Aktualität, die jene Kleinschädlinge immer noch haben, geht die größere Gefahr heute von anderen ›Tiergattungen‹ aus, die nach ihren traditionellen Vorfahren benannt sind: Es sind Viren und Würmer, die der Vision der virtuellen Bibliothek ein finales Ende setzen könnten, so radikal und unwiderruflich, wie es den Heerscharen gefräßiger Kleinstlebewesen über die Jahrtausende nicht gelungen ist. Schon der *natürliche* Prozess der systemischen Hochrüstung kann den *alexandrinischen Schwelbrand* ersetzten. *Ein Feuerlegen ist heute gar nicht mehr nötig, um das kulturelle Gedächtnis zu löschen, denn die Datenträger verglühen von allein* (Jan Assmann). Dass die Bücher und das in ihnen Tradierte unwiederbringlich verschwinden könnten, ist eine Angstvision der Büchermenschen, die dadurch neuen Aufschwung erhält. Der Autor und Verleger Michael Krüger antwortete 1991 in einem Interview auf die Frage: *Was wäre für sie das größte Unglück?* spontan: *Der Zerfall der Bücher.* Abgesehen von Bibliotheksbränden und menschlichen Vandalenakten (wie Bücherverbrennungen) sind in der Literatur viele Szenarien vom finalen Ende des Buches durchgespielt worden: das rätselhafte Verschwinden der Buchstaben beim Lesen wie in Jorge Luis Borges' »Sandbuch«, die systematische Ausrottung des Buches wie in Ray Brandburys »Fahrenheit 451«, oder eine geheimnisvolle Papierseuche wie in Stanislaw Lems »Memoiren, gefunden in einer Badewanne«. Zwei der jüngsten Variationen kommen aus Italien. 1986 (dt. 1989) erschien Gesualdo Bufalinos Erzählung »Basilius' Visionen oder Die Schlacht der Holzwürmer und der Helden«. Die Geschichte spielt gleichsam heute, im 21. Jahrhundert. Ein besonders aggressiver und absolut resistenter Holzwurm bedroht den Bestand der Bücher. Der Novize Basilius hütet den edelsten Teil des verbliebenen Buchschatzes, der auf den Berg Athos verbracht wurde. Aber der Holzwurm kommt auch hierher und Basilius opfert sich für die Reste des Weltbuchbestandes. Er setzt seinen mit Honig beschmierten Körper – *süß wie Honig* war das Buch in der Offenbarung des Johannes – als Köder ein und stürzt sich mit den Tieren am Leib in die Ägäis. Ob seinem Heroismus Erfolg beschieden war, wird uns nicht mitgeteilt. Auch in Ermanno Cavazzonis schon erwähntem Roman »Mitternachtsabitur« sind es durchaus traditionelle Tiere, die den Buchbestand bedrohen und den Leser enervieren, wenngleich diese Tiere nicht durchgängig als traditionelle Buchschädlinge einzustufen sind, denn neben tierischem Kleinzeug tummeln sich hier in den labyrinthischen und hoffnungslos verschmutzten Gängen und Sälen auch Hühner, Spechte, Hyänen, Geier, Schlagen und vieles mehr.

Arno Schmidt dreht die Konstellation der Katastrophe um: In seinem Buch »Schwarze Spiegel« (1951) sind die Menschen tot, nicht die Bücher. Der Ich-Erzähler findet sich allein wieder in einer von Leichen übersäten Landschaft – und plötzlich frei zugänglichen Lesesälen und Archiven. Mit Leidenschaft und Umsicht sucht sich der Büchersammler zusammen, was er immer schon besitzen wollte, ohne dabei in eine Sinnkrise zu verfallen. *Schon war ich im Lesesaal und begann mit possessiven Gebärden die Präsenzbibliothek zu handhaben […] Ich suchte ganz sachlich nach Liste meine Desiderata zusammen: Barockromane; ein großes Kostümwerk; Ellingers ETA Hoffmann (300 Bände standen schon zu Hause, etwa 200 brauchte ich noch).* Das ist ein echt Arno Schmidt'sches Bild, dieser einsame Überlebende, der zielstrebig und diszipliniert (nur 500 Exemplare soll seine Bibliothek umfassen) Bücher zusammenträgt inmitten der Verwüstung und ohne zu wissen, ob und wie lange ihm ein Überleben gelingen wird – an die potenzielle Nützlichkeit von Defoes »Robinson Crusoe« denkt er dabei offensichtlich nicht.

Tiere am Buch – Ikonographisch und intellektuell

Besitzen wir Menschen irgendeine Fähigkeit, die wir nicht auch im Tun und Treiben der Tiere fänden?

Michel de Montaigne

Von ganz anderer Qualität ist die redensartliche Beziehung der Tiere zur Buchwelt. Wie das Ohr des Esels genau ins Buch kam, lässt sich nicht eindeutig eruieren. Jedenfalls vermerkt schon das »Grimmsche Wörterbuch« (1854–1861) als zweite Bedeutungserklärung des Eselsohrs: ›*folium libri complicatum*‹, *ein merkzeichen im gelesenen buch durch einbiegen einer blattecke*. In Gebrauch ist der Begriff zumindest seit dem Barock, denn eine der beiden angeführten Belegstellen stammt von Andreas Gryphius. *Das Eselsohr wird durch den Leser des Buches zur geheimen Kommandosache.* Es wurde nicht erfunden, sondern ist einfach entstanden, und es ist *ein Dreieck in einem Rechteck*. Das hat Roland Goeschl zu seinem bildkünstlerischen Projekt »Eselsohr« (2000) inspiriert. Die Ergebnisse dieser phänomenologischen und künstlerischen Erforschung des Eselsohrs sind als Katalog in der Edition Splitter erschienen.

Der Leseratte stehen Leseratten immer etwas hilflos gegenüber, ist dieses Tier in unseren Breiten doch nicht allzu positiv besetzt. Sabine Krügers Motivstudie zur »Figur der Ratte in literarischen Texten« (1989) beschränkt sich in ihrer Untersuchung zum Gebrauch von Ratten-Komposita auf den lapidaren Satz: *Eine Leseratte liest (frißt) sich mehr oder weniger wahllos durch Mengen von Büchern hindurch.* Es war eindeutig höchste Zeit für eine Aussöhnung der Leser mit ihrem Spitznamen: Günter Grass hat sie mit den liebevollen Radierungen seiner Leseratten-Serie zuwege gebracht.

Auch der Bücherwurm ist gattungsgeschichtlich dem Holzwurm

viel zu nahe verwandt, um nicht ein anrüchiges Odeur zu entwickeln. Im Brockhaus liest man dazu: *(1) verschiedene Bücherschädlinge. (2) Spottname für einen leidenschaftlichen Büchersammler und -leser*. Zumindest inkludiert der Bücherwurm auch stark *unsympathische Exemplare*, wie das »Lexikon berühmter Tiere« (1997) anmerkt. Die Leseratte fand hier übrigens vor lauter Ausführlichkeit in der Genealogie diverser tierischer Comic- und Fernsehhelden erst gar keinen Platz. Sehr wohl findet sich aber eine Eintragung zu *Lemmi*, mit vollem Namen Balduin Hannibal Percy Lehman, von Beruf Bücherwurm in einer Bücherei, der als Wurmpuppe die Rahmenhandlung der WDR-Fernsehserie »Lemmi und die Schmöker« (1973) moderierte. Über ihren Erfolg wird nichts vermerkt. Besonders beliebt scheint gerade für die kindbezogene Lesewerbung der Elefant als Identifikationsleser, vielleicht weil sein Rüssel so elegant jene dritte Hand ersetzt, die einem beim Lesen, zumal im Liegen und Lümmeln, so häufig zum Umblättern fehlt. 1976 wurde in der Bundesrepublik Deutschland der Verein für alternative Kinderkultur *Roter Elefant* gegründet, und das Maskottchen der Büchereien Wien ist der putzige *Lesofant*.

Tiere können auf eine lange Tradition als Marketing-Helfer des Buchwesens zurückblicken, wie die Eule, die als Begleiterin der Athene, der Göttin der Weisheit, mythologische Weihen mitbringt und heute zum Beispiel noch im Dienst des Ullstein Verlages steht. 1900 war sie stolze Werbeträgerin von »Meyers Grossem Konversationslexikon«, dem Symbol für das – noch einmal – zwischen Buchdeckeln systematisierbare Universalwissen. Schon 1910 verkündete der belgische Informationswissenschaftler Paul Otlet, dass die Zeit der vielbändigen Lexika vorüber, und jene thematisch zusammengestellter Dossiers und Zettelsammlungen angebrochen sei.

Die drei aneinandergehängten Fische des Fischer Taschenbuch Verlages sind zwar – wie einst der Reiter des Springer Verlages – auch eine Verbildlichung des Verlagsnamens, partizipieren aber zugleich am Bild von Petrus, dem Menschenfischer. Dass hier

Leser an Land gezogen werden, bestätigt der Netze einholende Fischer aus dem Emblem des S. Fischer Verlages. Auch der schlaue Fuchs wird gern in Dienst gestellt, namentlich etwa im Rotfuchs-Verlag. Und natürlich der Rabe, der in seiner Intelligenzleistung dem Schimpansen ähnlich ist. Wie unsere nächsten Verwandten sind auch Raben gute Problemlöser, sie kooperieren und bilden Allianzen, können andere aber auch gezielt austricksen. Dem Raben des Haffmans Verlags hat man das immer schon zugetraut; mittlerweile ist er allerdings unter die Fittiche des Zweitausendeins Verlags geschlüpft. Das zeigt übrigens, wie brauchbar Tiere als zeitlose Namensgeber sind. 2001 ist mittlerweile einfach vorbei, auch wenn die Angebote des Verlags nach wie vor originell sind, und die »Merkhefte« unleserlich wie eh und je.

Der englische Verlagslektor Allen Lane wählte 1935 für seine neue Taschenbuchreihe schließlich nicht den Delphin, sondern den Pinguin. Prinzipiell können alle Tiere verlagsmäßig unterkommen, Libelle, Igel oder Dachs so gut wie der Bär und das Nilpferd, das seit einigen Jahren für das Kinderbuchprogramm des niederösterreichischen NP Buchverlags steht. Hippopotamus amphibius, das Fluß- oder Nilpferd, das am Nil seit gut 250 Jahren nicht mehr vorkommt, sondern nur mehr in den Seen Ostafrikas, wird von seiner Tonnage her oft mit dem Nashorn verwechselt, zu dem keinerlei verwandtschaftliche Verbindung besteht. Das Nilpferd gehört vielmehr zur Familie der Schweine, lebt allerdings rein vegetarisch. Da Nilpferde nachtaktiv sind, findet man sie tagsüber meist faul und versonnen, aber durchaus gesellig in Gruppen in Ufernähe treiben. Wenn sie so trägeentspannt im Wasser liegen, nur der Kopf schaut raus, mit den freundlichen Nasenlöchern, den runden, leicht kummervoll vorstehenden, wissenden Augen, den winzigen Propellerohren und das breite Maul mit den lustigen Bartstoppeln wie ständig zum Grinsen bereit, oder zum Gähnen – es ist ein Bild des Friedens und der Wohligkeit, so als hätten die Nilpferde schon in der Urzeit die Wellnesswelle erfunden. Sie passen tatsächlich gut zum Bild entspannender, aber auch abenteuerlicher Lektüre.

Wer Bücher verlegt, ist ständig auf Schatzsuche, wie ein trüffelsuchendes Schwein, das nicht nur ein äußerst kluges Tier ist, sondern auch genusssüchtig und ein wenig faul. Eigentlich ein ideales Verlagsmaskottchen, wie der Wiener Kleinverlag *Das fröhliche Wohnzimmer* befand: Die AutorInnen müssen sich hier das individuelle Schwein für ihre Bücher selbst zeichnen, und bisher scheinen alle diese Anforderung erfüllt zu haben. Auf das Entdecken von Verborgenem ist auch der Specht (lat.: picus) spezialisiert, der sich seine Nahrung unter Baumrinden zusammensucht. Dabei verbringt er den größten Teil seines Lebens in aufrechter, hängender Haltung und macht durch heftiges Pochen auf sich aufmerksam – vielleicht hat der Wiener Picus Verlag auch diese Funktion bei der Namenswahl im Auge gehabt.

Naheliegend ist eigentlich auch die Spinne des Wiener Aarachne Verlags, der seine Leser mit spannenden Krimis zu umgarnen trachtet. Die Ameise hingegen scheint in der Verlagsbranche noch nicht so richtig heimisch zu sein. Dabei ist sie fleißig, verfügt über eine hohe Sozialkompetenz und die Verwandtschaft ihrer geschäftigen Krabbeligkeit mit dem Gewimmel der schwarzen Buchstaben auf dem Weiß der Seiten ist schon lange entdeckt worden: *Das Vielsinnige des Lesens: die Buchstaben sind wie Ameisen und haben ihren eigenen geheimen Staat* (Elias Canetti).

Eichborn wählte die Fliege als Markenzeichen – obwohl der Name eine idyllische (Weisheits)Quelle mit Eichenbaum nahe gelegt hätte. Der Verlagsgründer Vito von Eichborn erklärte dazu 1989 in einem Interview mit der »Zeit«: *Sie sticht nicht, beißt nicht, macht keinen Krach und ist auch sonst harmlos. Allerdings überträgt sie ›Krankheiten‹: Aufmüpfigsein und Widerspruchsgeist, Phantasie und Humor, Ehrlichkeit und Direktheit im Umgang miteinander.* Dick und fett prangt die Fliege von der ersten Programmvorschau an auf den Publikationen des Verlages. Dieses Bekenntnis zur *schmutzigen und unverschämten Fliege* hätte Gaetano Volpi sicher in Erstaunen versetzt, hat aber durchaus etwas Alltagsrealistisches. Fliegen, die wie mitlesend über die Seite krabbeln, sind – zumal beim Lesen in freier Natur –

keine Seltenheit. Das sonnenbeschienene Weiß der Buchseiten zieht fliegendes Kleingetier aller Art magisch an. Auch Ludwig Hevesi ist der lesehungrigen und dennoch ermordeten Fliege in seiner Lesespuren-Recherche begegnet: *Zwei Bogen weiter hat eine lästige Fliege durchaus mitzulesen getrachtet; zehnmal verscheucht, kehrte sie zehnmal wieder, da … klapps! schlug der ungeduldige Leser das Buch zu, und ›plattgewalzt wie Kuchen sind‹ klebt die Fliege noch jetzt an jenem Blatte, die Mumie oder Trockenkonserve einer Literaturfreundin.* Auch Gottfried Keller setzte der im Buch verendeten Fliege im Gedicht *Kleine Passion* ein lyrisches Denkmal. Selten hingegen ist der gezielte Einsatz der Fliege als mobiles Lesezeichen, wie das aus dem Leseleben des heiligen Koloman (um 1000) kolportiert wird. Unterbrach der irische Mönch und Missionar seine Bibellektüre, befahl er der seine Augen Zeile für Zeile begleitenden Fliege – die Lesegeschwindigkeit war damals wesentlich geringer, ein physischer Kollaps des braven Tieres nicht zu befürchten –, genau an jenem Punkt sitzen zu bleiben, an dem er die Lektüre unterbrach. Wo sich die Fliege aufhielt, sobald ihr Leseherr das Buch zuschlug, wissen wir nicht. Franz Kafka verwendet das Bild der Fliege am Buch um das zu umschreiben, was er von Büchern verlangt: Sie müssen beunruhigen und den Leser *belästigen*. In sein Buch »Betrachtung« schrieb er für Gertrude Urzidil folgende Widmung: *Für Frl. Trude Thieberger mit herzlichen Grüßen und einem Rat: In diesem Buch ist noch nicht das Sprichwort befolgt worden, in einen geschlossenen Mund kommt keine Fliege. Deshalb ist es voll Fliegen. Am besten ist es immer zugeklappt zu halten. F. Kafka.* Die Bücher mit solchen Fliegen sind jene, von denen Kurt Tucholsky sagt, dass sie dem *Leser sofort ein Lasso um den Hals* werfen, ihn zerren und zurren und nicht mehr loslassen.

Ob die Fliege des heiligen Koloman auch selbst lesend aktiv war, ist nicht überliefert. Sehr wohl verbürgt ist das von einer Reihe anderer Tiere, allen voran natürlich den Katzen, denen eine besondere Nähe zum Buch eigen ist. Colette berichtet, dass

Franchette, *diese intelligenteste aller Katzen*, die Bücher liebte *ganz wie ein alter Gelehrter; jeden Abend nach dem Essen setzt sie mir zu, bis ich zwei oder drei von Papas Larousse-Bänden aus den Fächern entferne; die leere Stelle bildet dann ein viereckiges Zimmerchen, wo sich Franchette zusammengerollt niederläßt; ich schließe die Scheibe hinter ihr, und ihr eingeschlossenes Spinnen schwingt andauernd wie der leise Schlag einer verhängten Trommel.* Vergleichbares weiß jeder bibliophile Katzenliebhaber zu berichten. Empirische Beobachtungen über längere Zeiträume hinweg machen in den eindeutig mit Bedacht gewählten bibliophilen Ruhekissen unschwer die intellektuellen Vorlieben kätzischer Mitbewohner sichtbar.

Verfolgt man die Spur der mitunter eher halbgebildeten und nicht ganz überzeugenden Feliden der aktuellen Katzenkrimi-Flut zurück, führen alle Wege zum Urahn des Katzengelehrtentums: E. T. A. Hoffmanns »Kater Murr« (1820/21), der sich seinerseits immer wieder auf den ehrwürdigen »Gestiefelten Kater« Ludwig Tiecks (1797) beruft. Murr fühlt sich schon in jungen Jahren vom Schreibtisch seines Mitbewohners magisch angezogen. *Welche Wollust, als ich nun mitten unter den Schriften und Büchern saß und darin wühlte. Nicht Mutwille, nein, nur Begier, wissenschaftlicher Heißhunger war es, daß ich mit den Pfoten ein Manuskript erfaßte und so lange hin und her zauste, bis es, in kleine Stücke zerrissen, vor mir lag.* Das ist eine ausgelebte Interpretation der Speise-Metaphorik, die seinen Meister Abraham wenig erfreut. Noch voll der schwarzen Pädagogik verhaftet, greift er bedenkenlos zum Birkenreiser. Als er Murr kurz darauf allerdings tatsächlich *lesend* antrifft, lässt er ihn nicht nur gewähren, sondern gestattet ihm ausdrücklich einen katzengerechten *Gebrauch* des Buches: *Nun, lies nur*, ruft er jovial, *studiere fleißig, mein Kater, allenfalls magst du auch die wichtigen Stellen im Buche durch sanfte Einrisse bezeichnen, ich stelle dir das frei!* So schafft Meister Abrahams Langmut und sein Bekenntnis zum Buch als Gebrauchsgegenstand die Voraussetzung für die erste verschriftlichte Katzenautobiographie.

Die spezifische Form ihrer Präsentation reflektiert auch ein Stück Geschichte des Buchdrucks. Aufgrund einer Schlamperei des Druckers sind Murrs Manuskriptblätter mit Makulaturpapier vermixt worden, das die Geschichte des Tonsetzers Kreisler enthält – so lautet zumindest die Version des Herausgebers.

Murrs »Lebens-Ansichten« tradieren die erste detaillierte Katzen-Leserbiographie. Sie beginnt sinnvoller Weise bei Knigges »Über den Umgang mit Menschen« und setzt sich nach wohldurchdachten Kanonkriterien fort, die Murr bereitwillig und von Gleichberechtigungsgedanken noch völlig unbelastet bekannt gibt: *Zur Belehrung der hoffnungsvollen Katerjugend kann ich nicht unbemerkt lassen, daß ich, wollte ich studieren, mit zugedrückten Augen in die Bibliothek meines Meisters sprang und dann das Buch, was ich angekrallt, herauszupfte und durchlas, mochte es einen Inhalt haben, wie es wollte. Durch diese Art zu studieren gewann mein Geist diejenige Biegsamkeit und Mannigfaltigkeit, mein Wissen den bunten glänzenden Reichtum, den die Nachwelt an mir bewundern wird.* Meines Wissens hat diese Überlieferung in der Leseforschung bislang noch wenig Beachtung gefunden. Ebenso fehlen Zeugnisse, wie der buchkulturell gebildete Teil des Katzenpopulation mit der Computer-Maus kooperiert. Das mouse-pad mag – je nach Material – eine akzeptable Unterlage sein, wird die Behaglichkeit eines Bücher- oder Zeitungsstapels jedoch auch aus Katzenperspektive nie erreichen.

Kater Murrs Nachfahren, wie gesagt, sind zahlreich, doch wenige sind so prächtig und geistreich wie Max alias Maximilian aus Christa Wolfs Wissenschaftssatire aus kätzischer Sicht mit dem zeitgemäßen Titel »Neue Lebensansichten eines Katers« (1970). Die große Nähe von Max zu Murr vermittelt sich auch über das gediegene Äußere, das sich alle lesenden Katzenliebhaber zu Vergleichszwecken gut einprägen sollten:

[…] die Musterung meines Gesichts, beigeschwarz von Nase und Maul strahlenförmig sich ausbreitend, beweist die Raubtier-

herkunft meines Geschlechts. [...] schwarze Längsstreifen auf dem Rücken, die an den Flanken in grauschwarz-bräunliche Ornamente übergehen, eine aparte Ringelung auf der Brust und die Dunkel-Hell-Schattierung der Beine, die sich am Schwanz wiederholt: Genauso hat mein verehrter Ahnherr, der Kater Murr, sich der Umwelt präsentiert, und meine innerste Überzeugung ist es, daß man so und nicht anders aussehen muß, wenn man zu Bedeutung kommen will.

siehe auch S. 44 u. 190

SprachBilder – WeltBilder – BildschirmBilder

[...] die Welt kommt zu uns.
Peter Weibel

Der Bildvorrat unserer Sprache speist sich aus der Gesamtheit der existierenden Einrichtungen, Traditionen und Techniken. Vor dem Wechsel von der Schriftrolle zum Kodex war das Bild vom Menschen als *offenem Buch* ebenso wenig denkbar wie die Redewendung *Lügen wie gedruckt* vor Erfindung des Buchdrucks. Sprachbildliche Neuerungen werden häufig jenen technologischen Entwicklungen entlehnt, in denen sich für die Zeitgenossen der Fortschritt der menschlichen Wissenschaften und Fähigkeiten am Augenfälligsten zeigt. War die Leittechnologie des 19. Jahrhunderts die Dampfmaschine und in der Folge die Beschleunigung der Reisetechnologie (Eisenbahn), ist an ihre Stelle heute der Komplex ›Neue Medien‹ getreten, der seine Herkunft aus dem militärischen Bereich auch sprachlich nicht verleugnet: Wörter wie auf- und umrüsten sind direkt dem Vokabular der Kriegsstrategen entnommen. Einmal etablierte Metaphern haben die Tendenz sich zu behaupten und können sich von ihrem Ursprungskontext völlig ablösen. Wer heute von einem *Buch mit sieben Siegeln* spricht, wird in der Regel auch von dem verstanden werden, der den biblischen Herkunftstext nicht präsent hat. SchriftstellerInnen haben für diese Ungleichzeitigkeiten der Sprache ein besonders feines Sensorium. Robert Musil, Absolvent der Technischen Lehranstalt und in seinen Berliner Jahren mit naturwissenschaftlichen Experimenten im Bereich der Wahrnehmungsphysiologie beschäftigt, notiert zu diesen Zeitverzögerungen menschlicher Sprach- und damit Denkstrukturen im zehnten Kapitel seines Romans »Der Mann ohne Eigenschaften«:

Man darf freilich nicht glauben, die Menschen hätten bald bemerkt, daß ein Wolkenkratzer größer sei als ein Mann zu Pferd; im Gegenteil, noch heute, wenn sie etwas Besonderes von sich hermachen wollen, setzen sie sich nicht auf den Wolkenkratzer, sondern aufs hohe Roß, sind geschwind wie der Wind und scharfsichtig, nicht wie eine Riesenrefraktor, sondern wie ein Adler. Ihr Gefühl hat noch nicht gelernt, sich ihres Verstandes zu bedienen, und zwischen diesen beiden liegt ein Unterschied der Entwicklung, der fast so groß ist wie der zwischen dem Blinddarm und der Großhirnrinde.

Primo Levi, der als ausgebildeter Chemiker ebenfall von den Naturwissenschaften herkommt, beschreibt das in seiner Autobiographie »Das periodische System« (1975, dt. 1987) ganz ähnlich:

[...] alle Sprachen [sind] reich an Bildern und Metaphern, deren Herkunft gemeinsam mit der Kunst, der sie entstammen, langsam verlorengeht: [...] nachdem die Mühlen mit einem aus übereinandergesetzten Steinen bestehenden Mahlwerk, auch »palmenti« genannt, in denen man jahrhundertelang Getreide (und auch Farbstoffe) mahlte, verschwunden sind, haben die Wendungen »mancinare« (mahlen, zerreiben) oder »mangiare a quattro palmenti« (wörtlich: mit vier Mühlsteinen essen, sinngemäß: mit vollen Backen kauen) jeden Bezug verloren, sie werden trotzdem noch mechanisch hingesagt. Ebenso tragen wir, da auch die Natur konservativ ist, am Steißbein die Reste eines rückgebildeten Schwanzes.

Fundamental neue Technologien wollen auch sprachlich bewältigt sein. Es ist reizvoll, wenn *in bezug auf ein bestimmtes Thema die Sprache erst noch entdeckt und erfunden werden muß. [...] Es ist die Neuheit des mechanischen Gegenstands, seine Künstlichkeit, die zum Rückgriff auf Vergleiche aus der Welt der Mythologie oder dem Tierreich zwingt*, schreibt Attilio Brilli in seiner Untersuchung über »Die Anfänge des Reisens mit dem

Automobil« (1999). Auch umgekehrte Metamorphosen sind zu finden, *durch die der Mensch plötzlich eine seltsame funktionale Analogie zwischen seinen Organen und den Mechanismen des Automobils entdeckt.* Beide Tendenzen können wir auch heute beobachten. Sogar die Mythologie wird wieder bemüht. *Charon* heißt ein Browser oder *Saturn* ein Medienmarkt, obwohl die junge User-Generation mit dem Herkunftskontext dieser Namen wohl selten etwas verbindet. Und die Formulierung *[...] wie unsere Ski-Asse auf Sieg programmiert wurden*, wird heute niemand verwundern. Dabei sind solche Sprachbilder keineswegs wertneutral, sie übertragen logisch-mechanistische Prinzipien der Informatik auf eine kulturelle Ausdrucksform des Menschen (den Sport) und deren Akteure (die Sportler). Die *Kraftströme* der Computer-Metaphern erobern auch Denk- und Interpretationsmuster der Wissenschaften. *Vom Geist sprach in der modernen Wissenschaft niemand. Bewusstsein nannten sie es. Sie verglichen den Menschen mit einem Computer. Das Gehirn mit seinen unendlich vielen Verknüpfungsmöglichkeiten von Neuronen bildet die Hardware. Das Bewusstsein das Programm, das im Rechner läuft. Und das, was man sich unter dem ›Ich‹ vorstellt, hielten sie für eine Art Betriebssystem*, heißt es in Sven Daubenmerkls Wissenschaftsroman »Forscher Geist« (2000).

Die neuen Technologien selbst agieren sprachlich oft in die entgegengesetzte Richtung. Unter dem Aspekt des Verhältnisses von Bote und Botschaft hat der österreichische Medienkünstler und -theoretiker Peter Weibel für die Entwicklung der Medientechnologie drei paradigmatische Entwicklungsphasen unterschieden. Die erste ist geprägt von der Beschleunigung der körperlichen Überwindung von räumlicher und zeitlicher Entfernung, das heißt der Bote kommt mit seiner Botschaft schneller am Ziel an, per Eisenbahn, Auto oder Flugzeug. Das führte zu tiefgreifenden Veränderungen der menschlichen Raum- und Zeiterfahrung und einer Vielzahl von Verstörungen und Ängsten. Die zweite Phase bringt die drahtlose, immaterielle Überwindung von Raum und Zeit (Telegraphie, Telefon, Radio, Television), d. h. die Botschaft überwindet die Entfernung losgelöst von der Person des Boten. Die dritte Phase der binären Codierung setzt die Immaterialisierungstendenz radikalisiert fort. Der wahrnehmungsphysiologisch zentrale Bruch – die Separation von Bote und Botschaft – erfolgt eigentlich in der zweiten Phase. Es waren *das Grammophon, der Kinematograph, das Radio*, an denen Stefan Zweig 1931 als den neuen, raffinierteren und bequemeren Übermittlungsleitern des Wortes und des Gedankens, den grundlegenden Medienwechsel festmachte.

Die Metaphernsprache der Anwendungsprogramme auf unseren PCs überspringt häufig gerade diese Phase zwei (Immaterialiserung der Kommunikation) – obwohl hier mit dem Radio auch ein Paradigma zu finden ist, das einen im Selbstverständnis der Internet-Pioniere zentralen Ansatzpunkt vorwegnimmt, nämlich der Traum von der Aufhebung der starren Rollenaufteilung zwischen Sender und Empfänger. Die neuen Medien knüpfen trotzdem ikonographisch mehr an Phase eins (maschinelle Beschleunigung) oder an noch ältere Technologien an. Schreibprogramme zeigen uns nicht (elektrische) Schreibmaschinen sondern Federkiel und Tintenfass; Sanduhren oder Wecker mit nostalgischem Läutwerk symbolisieren uns Wartephasen. Das E-Mail-Verfahren gleicht dem Telefax, aber wir haben E-Mail-Adressen, deren Design sich an der Briefmetapher orientiert. Wir scrollen am Bildschirm den Text rauf und runter, was die Schriftrolle (engl.: scroll) assoziiert, nicht die Transportperforierung der Filmrolle, wonach wir den Text vor- und zurückspulen müssten. Dieser forcierte Rückgriff der Bildersprache auf antiquierte Technologien hilft Vertrautheit erzeugen und Hemmschwellen überwinden und überspielt das radikal Neue des *digitalen Dokuments*, das nur auf den ersten Blick seinen papiernen Vorgängern ähnelt.

Auch das Bild von der Datenautobahn – wie Erwin Chargaff bemerkt, ist eine wörtliche Übersetzung von *Information Highway* wohl nie in Erwägung gezogen worden, denn Informationslandstraße oder -hauptstraße *klingt nicht so, als könnte es irgend jemandem eine unbezwingliche Lust einflößen, auf ihr spazierenzugehn* – wurzelt ikonographisch in den maschinellen Beschleunigungstechnologien des 19. Jahrhunderts, nicht in der telematischen Kultur des 20. Jahrhunderts. Interessant war der Wettstreit zwischen den beiden Bildebenen der Reise zu Wasser und zu Land. Die Seefahrt-Meer-Metapher als Konkretion des *Kolumbus-Gefühls* (Peter Glaser) der Computer-Freaks, das Abenteuer, Entdeckerfreuden und Schatzsuche verspricht, versus die Straßenmetapher, die zielgerichtete Ordnung, Zuverlässigkeit und die Eignung des neuen (Straßen)Netzes für den Geschäftsverkehr beschwört.

Eine besondere Qualität kommt der Bildlichkeit der Fenster-Technik zu. Das Fenster als architektonisches Element, das zwischen Innen und Außen vermittelt, transportiert eine reiche und lange Geschichte als (literarisches) Symbol für die Befindlichkeit des Menschen. Von innen wie von außen betrachtet organisiert das Fenster die Schnittstelle zwischen den beiden grundlegenden Lebensentwürfen – Integration in die Gesellschaft oder Austritt aus ihr –, die unversöhnlich sind und im Falle einer einmal getroffenen Entscheidung immer Sehnsüchte in die jeweils andere Richtung offen lassen. Der Blick aus dem Fenster spielt mit einem Versprechen von Welt und Weite, von Abenteuer und Aufbruch. Die Fenstertechnik der Anwenderprogramme ist nicht nur benutzerfreundlich, sondern hat auch Teil an dieser metaphorischen Dimension. Das Fenster, mit dem wir uns weiterklicken, ist das Fenster zur Welt, die sich vor uns scheinbar ins Unendliche eröffnet. Der Mausklick – Fenster und Maus verdanken sich übrigens demselben Erfinder: Douglas Engelbart – demonstriert in seiner genialen Simplizität die Möglichkeit eines universalen Zugriffs auf Welt, er hält für uns die ganze Welt bereit. In der leichten Fingerbewegung, sei's an der Maus oder direkt am touch screen, scheint das uralte Versprechen des märchenhaften Fingerschnippens Realität zu werden.

Mit dem Siegeszug des Hypertext, der sich als unscharfer Begriff für das Schreiben (und Denken) im nichtlinearen, nichtsequentiellen Raum durchgesetzt hat, etablierte sich das neue Bild der Dinge mit Hintergrund und Vordergrund, zwischen denen als zentrales Element der Sprung vermittelt. Verbunden ist damit eine allmähliche Verschiebung unserer Vorstellung von der traditionellen, historische wie logische Entwicklung implizierenden Vertikalität, hin zu Horizontalität und Gleichzeitigkeit. Das lineare Prinzip, das seit Jahrhunderten unsere Vorstellung von Geschichte(n) prägt und sich im frühen 18. Jahrhundert als romantypisches Merkmal etabliert hat, stellten allerdings bereits an der literarischen Geburtsstunde des Romans Autoren wie Laurence Sterne, Henry Fielding oder auch Jonathan Swift radikal in Frage. Ihre parodistisch-spielerischen Entwürfe und hybriden Konzeptionen von Metafiktionalität, Essay-Romanen und anderen ›Un-Büchern‹ brechen die Vorstellung von linearen Abläufen gewaltsam auf und können durchaus als Spiel mit Prinzipien gelesen werden, wie sie sich heute im Hypertext konkretisieren.

Metaphorik wie Erscheinungsweisen neuer Technologien gilt es mit Blick auf unsere Denk- und Weltbilder als *Kulturgebärde* (Friedrich Sieber) ernst zu nehmen. Eine solche ist schon die – keineswegs technisch bedingte – Entscheidung, für den PC das Querformat des TV-Monitors zu übernehmen und nicht das die Buchkultur prägende Hochformat. Wie Martin Scharfe in seiner Kulturgeschichte des Wegweisers (vom konkreten Menschen über den abstrakten Pfeil zum Piktogramm) aufgezeigt hat, enthält jede Erscheinungsform und jede Veränderung in der Erscheinungsweise von Alltagsgegenständen und -techniken einen kulturellen Sinn, der entziffert und entschlüsselt sein will. Zu Tage kommen bei einem solcherart offenen Konzept von Kulturwissenschaft bewusste und unbewusste Leitvorstellungen, Ideen, Werte, kulturelle Stimmungen und Affekte, die Symptome für gesellschaftliche Entwicklungen sind. Eine solche Herangehensweise kann auch verhindern helfen, dass qualitativ Neues den Blick auf historische Verwandtschaften verstellt, sei es aus Faszination oder auch aus Verstörung.

Im Chatroom des 18. Jahrhunderts

Innerhalb einer Epoche gibt es keinen Standpunkt, eine Epoche zu betrachten.
Johann Wolfgang Goethe

Sie haben Post bekommen – lässt mich mein Computer von Zeit zu Zeit wissen und schlüpft damit in die Rolle des Spitzwegschen Postboten. Der Zeit entsprechend legt er sie etwas anders an: Weniger pittoresk, dafür standardisiert, nüchtern – aber, so die Message nicht unerlöst im Äther hängen bleibt, durchaus verlässlich und vor allem nahezu ohne zeitliche Verzögerung. Elektronische Mailbox und Carl Spitzweg scheinen nicht ganz zusammenzugehen. Doch das Registrieren von Anachronismen, so Martin Scharfe, ist eine der Vorstufen zum Verstehen von Geschichte und Gegenwart. Daraus ergeben sich neue Fragen, überraschende Antworten und mitunter auch Relativierungen. Gerald Heidegger hat jüngst darauf hingewiesen, dass die Weblogs unserer Tage an Diskursmuster der Pamphletliteratur des 18. Jahrhunderts anknüpfen. Auch für die Chatrooms bietet sich diese Epoche als Vergleichszeitraum an. Das müssen die Informatiker ähnlich gesehen haben. Denn das Design der E-Mail-Programme zeigt uns eben den *Brief*, und der erlebte seine erste Hochblüte just vor rund einem Viertel Jahrtausend, wie Robert Vellusig in seiner Studie über die »Briefkultur im 18. Jahrhundert« nachweist.

Auch das 18. Jahrhundert steht im Zeichen einer Kommunikationsrevolution, nämlich der Ausbreitung der Schriftkultur. *Zeitungssucht*, *Lesesucht* und *Briefwut* – dieser Begriff wurde rückblickend vom Germanisten Georg Gottfried Gervinus (1805–1871) erfunden –, das sind die sozialen Folgeerscheinungen, die von den zeitgenössischen Kommentatoren diagnostiziert und nicht selten wortreich diffamiert wurden. Alle drei *Grundübel* der Epoche sind historische Zeugnisse, an denen die Umbrüche in den Leitformen sozialer Kommunikation sichtbar werden. Kommunikation ist die Basis von Gesellschaft, neuen Kommunikationsmedien und -technologien eignet daher immer ein gesellschaftsveränderndes Potenzial. Die Bandbreite der mentalen Reaktionsmuster auf derartig fundamentale Umbrüche reicht von radikaler Ablehnung und Verunsicherung bis zu hymnischer, oft kritikloser Begeisterung und wohl auch Bedeutungsüberschätzung. Damals wie heute.

Natürlich wurde der Brief nicht im 18. Jahrhundert erfunden. Aber bis dahin waren seine soziale Ausbreitung und kommunikative Funktion eng begrenzt bzw. genau definiert. Der gelehrte Briefwechsel der Humanisten blieb an den schmalen, des Lateinischen mächtigen Kreis der europäischen Intelligenz gebunden und diente dem wissenschaftlichen Gedankenaustausch und der Kontaktpflege in der Tradition der Antike. Später dann begann der Brief deutsch zu sprechen, allerdings beschränkt auf das formelhafte Holperdeutsch der Kanzleien und die behördliche wie geschäftliche Kommunikation. Noch das ganze 17. Jahrhundert hindurch bestehen die sogenannten »Briefsteller« aus Auflistungen von formelhaften Redewendungen, Argumentationsmustern und Titulaturen, geordnet nach dem jeweiligen Zweck des Schreibens und der sozialen Position des Briefpartners. Die Sprachbeherrschung der allmählich zahlreicheren Teilnehmer an der Schriftkultur bedurfte noch einigen Trainings, um den schriftlichen Ausdruck geschmeidiger zu machen. An den Universitäten empfahl der akademische Rhetorikunterricht das Anlegen von Sammlungen mit besonders geglückten Sentenzen, Redewendungen und Exempeln in sogenannten Kollektaneen, Florilegien, Thesauren und Promptuarien.

Im 18. Jahrhundert begann eine breitere Schicht bürgerlicher Schreibender den Brief aus diesem engen formalen, sozialen, thematischen und funktionalen Käfig zu befreien. Bis dato hatte man versucht, das Verstörende am Brief, nämlich die Zerdehnung des Kommunikationsprozesses und den Wegfall außersprachlicher Interpretationshilfen (Mimik, Gestik) durch strenge Textstrukturierung nach den Gesetzen der Rhetorik zu kompensieren. Den leidenschaftlichen Briefschreibern des 18. Jahrhunderts war der Brief vergnüglicher Selbstzweck, um das Gespräch mit abwesenden Freunden aufrechtzuerhalten. Die Bedeutung dieser für den privaten Bereich neu entdeckten Kommunikationsform zeigt sich auch darin, dass Briefe (vor)lesende Personen zum klassischen Repertoire der Genremalerei avancierten. In zahllosen Darstellungen werden Briefe einsam – hier oft mit eindeutig erotischer Konnotierung als Liebesbrief erkennbar – oder in Gesellschaft rezipiert. Denn der Brief wurde vom Medium der Informationsvermittlung zum Medium der Geselligkeit, nicht nur zwischen den Briefpartnern selbst, sondern für eine lose definierte Community, in der die Briefe vorgelesen, weitergereicht, debattiert und besprochen wurden. War man in den Kreis eingeklinkt, wurde die egalitäre Teilnahme am Briefwechsel wie die kollektive Zugriffsmöglichkeit auf die Inhalte nicht weiter hinterfragt. Diese erweiterte Rezeption der persönlich adressierten Briefe inszeniert Intimität im (semi)öffentlichen Raum, was nicht als Vertrauensbruch empfunden wurde, sondern zum Selbstverständnis dieser Frühform des informellen Chatrooms gehörte.

In seiner nur vordergründig personalen Adressierung und seiner inhaltlichen Absichtslosigkeit erwuchs dem Freundschaftsbrief eine tendenziell literarische Dimension. Das Bemühen um lebendige Formulierungen und originelle Gedanken unterstellte die Briefe einer ästhetischen Beurteilung; die Gewissheit, dass der Brief beim Empfänger in einem größeren Kreis von Bekannten vorgelesen oder weitergegeben werde, implizierte ein Schielen auf Öffentlichkeit auch dort, wo die Briefe scheinbar bekenntnishafte Züge tragen. Das Medium *taugt überhaupt nicht zu intimen Mitteilungen. Aber es fordert sie geradezu heraus.* So fasst Florian Felix Weyh seine Analyse zusammen, die allerdings nicht den Freundschaftsbrief des 18. Jahrhunderts meint, sondern die E-Mails von heute. Beide scheinen im Moment des Verfassens intim zu sein, und trotzdem liest potenziell die ganze Welt mit.

Träger der ausgedehnten Freundschaftsbriefwechsel des 18. Jahrhunderts ist die gebildete Schicht der Städte und kleinen Residenzen. Ihre Freizeitbeschäftigungen sind Schäferspiele, Landpartien, das Nachstellen bekannter Gemälde und Genreszenen in lebendigen Tableaus (eine Vorform der Performance) und andere Gesellschaftsspiele. Man könnte das Umfeld der entstehenden *Briefwut* mit einiger Plausibilität als frühe Fun-Gesellschaft definieren. Besonders beliebt und viel besprochen waren die ausführlichen Reisebriefe, die Erfahrungen und Eindrücke aus fremden Ländern vermittelten und auch konkrete Tipps zu Reisemodalitäten oder Sehenswürdigkeiten enthielten. Diese brieflichen Reiseberichte sorgten für Unterhaltung, bildeten aber auch eine Art Informationspool, der an spätere Reisende weitergereicht wurde und so auf Grundmuster der Newsgroups vorausweist.

Die Abgrenzung der Briefschreiber von den überkommenen rhetorischen Mustern orientierte sich am Ideal des mündlichen Ausdrucks. *Schreib wie du redest, so schreibst du schön*, hieß die Leitformel, die plötzlich auch den *ungebildeten Frauenzimmern* die Teilnahme am Dialog ermöglichte, und ihre *Unverbildetheit* und *Spontaneität* im Ausdruck gar als Ideal hinstellte. Entsprechend dem Ziel des Freundschaftsbriefes, kommunikative Nähe zu erschreiben, sollten die Briefe unmittelbar, natürlich und ungezwungen klingen. Das tun sie für den heutigen Leser wohl nicht mehr wirklich, aber die Zeitgenossen empfanden die Emanzipation von der formelhaften Rede des steifen und unwendigen Kanzleistils als sprachliche wie mentale Revolution. Der Wegfall der umfangreichen, streng und diffizil geregelten Initial- und Final-Komplimente, die in den Briefstellern breiten Raum einnahmen und ein anschauliches Abbild des sozialen Hierarchieverständnisses geben, musste als absolute Befreiung empfunden werden. Tatsächlich eignet der Briefkultur des 18. Jahrhunderts ein demokratisch egalitärer Impetus. Der Kreis der Briefschreiber kennt tendenziell keine Standesgrenzen. Die soziale Offenheit im Zeichen des Freundschaftskultes kompensiert auch die soziale Ortlosigkeit der neuen Schicht der Gebildeten in einer Zeit radikaler sozialer Umbrüche.

Beide Momente scheinen auch bei der heutigen E-Mail-Kultur eine Rolle zu spielen. Die sozial isolierten Teilnehmer an der Internet-Community, die kaum mehr auf berechenbare Lebensentwürfe hoffen können, schaffen sich mit einem dichten virtuellen Kommunikationsnetz einen imaginären Zusammenhalt. Als Zwitterform zwischen Brief und Gespräch folgt die E-Mail keiner überkommenen Ästhetik und keinen formalen Normen. Anreden und Schlussformeln fallen weg oder reduzieren sich auf Buchstaben- und Zeichenkombinationen. Da sich E-Mail-Partner häufig nicht persönlich kennen und aus der kürzelhaften oder pseudonymen E-Mail-Anschrift Rang, Status und Titel nicht ablesbar sind, entstehen den anfänglichen Demokratisierungsutopien des Internet entsprechend tendenziell herrschaftsfreie Diskursräume. Im Netz kann keiner sehen, dass er schwarz sei und keinen Job habe, zitiert Peter Glaser einen Arbeitslosen aus Seattle. E-Mail-Partner kann jeder sein, der sich in den Chatroom einklinkt und minimalsten Anstandsregeln nicht zuwiderhandelt. So wie die Befreiung des Briefes aus den Regelzwängen der verstaubten Kanzleipraxis zur üppigen Entwicklung der Gattung Brief führte, hatte die Befreiung von der Gattung Brief im Medium der elektronischen Post einen sprunghaften Anstieg der schriftlichen Kommunikationsbereitschaft und eine soziale bzw. bildungsmäßige Ausweitung des Teilnehmerkreises zur Folge.

Da sie den Brief als Verlängerung des mündlichen Gesprächs auffassten, trachteten die Briefpartner des 18. Jahrhundert danach, in ihrem Schreibgestus eine lebendige Dialogsituation herzustellen. Zwar finden sich noch keine lautmalerischen Einschübe wie die hahahas und hihihis der E-Mails unserer Tage, aber doch eine Fülle von Aus- und Zwischenrufen, die eine direkte, emotionale Kommunikationssituation simulieren, oder mit Inversion der Satzelemente, spontanen Einschüben und direkten Anreden den lebendigen mündlichen Duktus nachahmen. Auffallend ist auch die Sorgfalt, mit der imaginäre Gesprächsräume aufgebaut und ausgestaltet werden. Ausführlich wird beschrieben wie, unter welchen Umständen, an welchen Orten und mit welchen Gefühlen der Briefschreiber soeben seine Schreibtätigkeit aufnimmt. Emphatisch ist auch das Datierungsbedürfnis – der junge Goethe zum Beispiel gibt stets genau Rechenschaft darüber, an welchem Tag und zu welcher Stunde er den Brief zu schreiben beginnt und wann er im Falle einer Unterbrechung mit dem Schreiben fortfährt. Heute übernimmt zwar das E-Mail-Programm automatisch die minutengenaue Datierung, allerdings nur für den Zeitpunkt des Abschickens. Damals wie heute scheinen die einsamen Nachtstunden besonders beliebt zu sein; im dunklen Raum, beim Flackern der Kerze oder des Bildschirms sind die Entgrenzungsbedürfnisse im schriftlichen Austausch mit fernen Freunden offensichtlich äußerst intensiv und fruchtbar.

Was die Überwindung der formalen Korsette der Vergangenheit betrifft, regte sich schon unter den Briefschreibern des 18. Jahrhunderts mitunter der Verdacht, dass die Abkehr von der Formelhaftigkeit der Rhetorik allmählich zur Ausbildung einer neuen Formelhaftigkeit führen könnte, die sich als Standard für das Sprechen über persönliche Dinge und Stimmungen herausbildet. Der Sprung aus der klassischen Rhetorik endet in einer neuen Rhetorik des Authentischen. Eine Art zeittypischer Code des intimen Ausdrucks von Gefühlen, der sich zwar noch nicht auf Tastenkombinationen von Klammerzeichen, Doppelpunkten und Bindestrichen bildhaft verkürzen ließ, aber doch schon standardisierten Usancen gehorchte. Was den damaligen Brief im Unterschied zur E-Mail noch näher an das persönliche Gespräch rückt, ist die Präsenz des Schreibers im Medium seiner Handschrift, aus deren Zügen sich tendenziell emotionale Befindlichkeiten herauslesen lassen. Zwar können Briefe diktiert werden, was im Fall der Freundschaftsbriefe allerdings absolut unzulässig war. Auch E-Mails sind immer selbstverfasst. Aber mit der dazwischengeschalteten Apparatur ist die optische Ebene der Mitteilung standardisiert. Die Zahl der Tipp-, Grammatik- und Flüchtigkeitsfehler gibt eher Auskunft über Maschinschreibfähigkeiten, Sprach- und Grammatikkenntnisse des Schreibers denn über seinen Gemütszustand.

Die Welt der Gefühle und Empfindungen, für den sich die empfindsamen Briefschreiber des 18. Jahrhunderts ein sprachliches Ausdrucksrepertoire erarbeiteten, machte die Grenzen zwischen literarischer Bild- und Vorstellungswelt und den Formen brieflicher Selbstdarstellung fließend. So wie sich die Briefschreiber – nicht nur die schriftstellernden, sondern auch der Kaufmann oder Rechtsassessor – gerne mit lyrischen Einlagen als Musensöhne zu erkennen geben, nutzt die Literatur ihrerseits sehr rasch die im Zeichen der Briefkultur sprachlich neu eroberten Bereiche des intimen Sentiments und der inneren Befindlichkeiten für ihre Zwecke. Die ausufernden Briefeinlagen in den zeitgenössischen Romanen und Novellen und der Briefroman der Empfindsamkeit selbst erwuchsen unmittelbar aus der Begeisterung am neuen Medium. Das Urbild der Briefromane von Rousseau, Wieland, Goethe, Tieck oder Hölderlin war »Pamela« (1740) von Samuel Richardson, der zu diesem Roman durch den Auftrag für eine Sammlung von privaten Musterbriefen angeregt wurde. So gesehen ist es auch nicht verwunderlich, dass es bereits die ersten E-Mail-Romane gibt – ein neues Medium fasziniert und fordert zu ästhetischen Nebennutzungen heraus.

Bei einigen wird sich die E-Mail vielleicht schwerer tun. Volker Klotz hat die lange Geschichte des Briefes als dramaturgisches Mittel auf der Bühne nachgezeichnet. Es scheint kaum etwas Idealeres zu geben für Ränkespiele, Verwechslungsarrangements, Fälschungen und Intrigen als den Brief, auch kaum etwas Hinterhältigeres. Besonders perfid die sogenannten Uriabriefe – benannt nach Uria, dem König David sein eigenes Todesurteil im gesiegelten Brief zu übermitteln auftrug. Als Postbote beteiligt sich das ahnungslose Opfer an der eigenen Exekution – ein bisschen erinnert das an die selbstverschuldete Virenimplementierung via verseuchter E-Mails, die der User, ahnungslos wie Uria, auf seinem PC öffnet. Auch zur Füllung dramaturgischer Brüche und Schwachstellen eignet sich der Brief wunderbar, wenn es gilt, dem Publikum etwas mitzuteilen, was nicht auf der Bühne zu sehen ist und ein Bote doch etwas deplatziert wirken würde. Prinzipiell ist die E-Mail für diese dramaturgische Funktion genauso geeignet.

Was Brief und E-Mail unterscheidet, ist das Schreibwerkzeug, das den Prozess des Schreibens entscheidend mitprägt. *Mit der Nutzung des Computers als Schreibgerät gewinnt das Procedere die Oberhand über das Produkt und die Gesamtansicht den Vorrang vor der Durchgestaltung der Teile*, lautet Sven Birkerts radikales Urteil, das so ähnlich schon beim Übergang von der Handschrift zur Schreibmaschine zu hören war. Burkhard Spinnen verweist hingegen gerade auf einen gegenteiligen Aspekt: *Zeilen- und Seitenende gibt es nicht mehr, der Text ist durch keine materielle Begrenzung aufzuhalten; in die Versuchung, das Seitenende zum Textende zu machen, in die die Schreibmaschine immer wieder führte, kann man nicht mehr geraten.* Suggerieren die uneingeschränkten Lösch- und Verschiebemöglichkeiten der Textverarbeitungsprogramme einerseits die permanente Vorläufigkeit des Textes, simuliert die ständige Verfügbarkeit einer druckfähigen Vorlage gerade seine permanente Fertigkeit. Die Erleichterungen, die die Standardfunktionen der Textverarbeitungsprogramme für den Schreibprozess mit sich bringen, schlagen sich in einer erhöhten Produktionsgeschwindigkeit nieder. Laut Peter Gendolla produziert *G. G. Marquez, seit er seine Texte mit dem Rechner schreibt, einen Roman nicht mehr in drei Jahren – ›Hundert Jahre Einsamkeit‹ – sondern in drei Monaten: ›Die Liebe in Zeiten der Cholera‹. Also auf der Produktionsebene können wir die Uhr mitlaufen lassen und bemerken, daß schneller geschrieben wird.*

Gegenüber Tintenfass und Feder trägt die Nüchternheit des Computers auch zur Demythisierung des Schreibaktes bei. Der Schreibtisch als emphatisch aufgeladenes Territorium verwandelt sich in ein geheimnisloses Cockpit. Produktionsästhetisch ist damit manches Verlusterlebnis verbunden. Die Vereinfachung der Korrekturarbeiten und -vorgänge etwa bringt das historische Moment in Gestalt des stufenweisen Entstehungsprozesses als eine Art Partitur des Schreibvorgangs weitgehend zum Verschwinden, so nicht ein eigenes Benutzerprotokoll mitläuft, das in einer Art Metatext die Arbeitsschritte aufzeichnet. Die zusätzliche Information über Gedankengänge und Befindlichkeit des Schreibers, die der Briefempfänger aus allfälligen Streichungen, Einfügungen und Überschreibungen erschließen kann, fallen bei der E-Mail weg. Dafür kann der Computer andere sichtbare Spuren im Text hinterlassen. Die deutsche Literaturkritikerin Ina Hartwig hat jüngst von einer *neuen elektronischen écriture automatique* gesprochen, die, von der Flüchtigkeit der E-Mails herkommend, die Bücher jüngerer AutorInnen gern befalle. Auch die einfachst zu handhabenden Such-, Austausch- und Statistikfunktionen schreiben sich den Texten ein. Matthias Politycki beginnt seinen Aufsatz »Ich liebe dich. Über die Schwierigkeiten einen einfachen Satz zu Papier zu bringen –« so: – *habe ich immerhin rund 160 Sätze zu Papier gebracht.* Zehn Seiten später erfährt der Leser: *über hundert Sätze sind bereits gesagt*, und der letzte Absatz hebt statistisch genau an: *und damit bin ich endlich bei meinen zehn Schlußsätzen angekommen.* Man muss nicht nachzählen, auf die diesbezügliche Genauigkeit der Textverarbeitungsprogramme darf durchaus vertraut werden.

Aufgezeigt sind damit neue Bildvarianten für das verzweifelte Ringen des Schreibenden: statt zerknüllter Blätter, zerbissener Stifte und wild durchgestrichener Seiten, das pausenlose Abrufen der nicht wachsen wollenden Zahl der abgespeicherten Schriftzeichen. Für den Emotionshaushalt des Schreibers enthält das eine Reihe von Herausforderungen. Ein File in den Papierkorb am Monitor zu verschieben, eignet sich einfach nicht als große Geste, aufgestaute Aggressionen loszuwerden; er ist ein zu unsinnlicher Ersatz für sein von zerrissenen Manuskriptseiten überquellendes reales Vorbild. Die Panik vor der herausfordernd gähnenden Weiße des leeren Blattes wird abgelöst vom provokant flimmernden Cursor am Bildschirm, höhnisch hüpfend und ständig in Bewegung, ergeht es ihm doch wie Max Dauthendeys

Springbrunnenstrahl, *Der aus der Erde saust und sich losreißt als ein schäumender Geist, / Und dem doch nie gelingt, daß er vom Platz fortspringt; / Der seinen Satz hinsingt mit neuem Munde, immer wieder heftig und kurz, / Und nichts der Höhe abringt, als jede Sekunde seinen eigenen Sturz.* Mit der zunehmenden Implementierung des Computers auf den Schreibtischen werden sich neue Sprechweisen für den Schreibprozess herausbilden. Über den Zusammenhang von Schreibgebärde, Thema und Schreibgerät reflektierte schon Hermann Melville in seinem Walfänger-Roman »Moby Dick« (1892, dt. 1944): *Man hört oft von Schriftstellern, die mit ihrem Gegenstand wachsen und sich auch etwas über Gebühr aufplustern. Wie erst, wenn einer über den Leviathan schreibt! Unwillkürlich artet meine Handschrift in plakatmäßige Großbuchstaben aus. Den Federkiel eines Kondors könnte ich brauchen und einen Krater als Tintenfaß, stützt mir den Arm, meine Freunde!* Auch die adäquate Gebärde für den PC wird noch gefunden werden. Dass die Poetizität der ersten Ansätze – *Ein schwerer Anschein von Licht liegt auf dem Bildschirm. Darunter schwimmt das schwarze, weiß gesäumte Schema des Mauspfeils wie eine kybernetische Kaulquappe durch die Untiefe des Bildschirms, am Rand von nichts* (Peter Glaser) – noch nicht recht zu überzeugen vermag, tut dabei nichts zur Sache. Auch der Webcam-Gestus der Online-Tagebücher, die den Schreibtisch als öffentlichen Ort inszenieren, ist vielleicht diesen Suchbewegungen zuzuordnen.

Eine neue Dimension tut sich auch für die Angst vor dem Verlust des Geschriebenen auf. Adelheid Dahimène hat in ihrem 1998 erschienenen Roman »Gar schöne Spiele«, die Vision vom Eindringen eines fremden Autors in die Files der Konkurrentin geschildert, die damit ihres Textes radikal enteignet wird, wozu im Schreiballtag mitunter auch schon ein simpler Systemfehler führen kann. *Léa schreibt: JE HAIS LE MINITEL! Gerade habe ich zwei Seiten geschrieben, zwei Stunden geschrieben, und diese SALOPERIE DE MINITEL hat alles gelöscht. Ich weiß nicht wie – ein Mausklick, ein Absturz, ein Fensterverzug. So eine*

Verschwendung, Unwiederholbar, Du hörst von mir ein anderes Mal, heißt es in Bettina Balàkas E-Mail-Roman »Der langangehaltene Atem« (2000). Doch da wird dann sicher etwas anderes zu *hören* sein, als in der ein für alle Mal verschwundenen Mitteilung stand.

Die verlorene Botschaft ist allerdings nichts prinzipiell Neues gegenüber dem konventionellen Briefverkehr. Schon mit der Anonymisierung der Dienstleistungen, die Kommunikation und Verkehr der Menschen regeln, taten sich hier Abgründe auf, wobei – wie stets – mit zunehmender technologischer Entwicklung die Fallhöhe bei allfälligen Dysfunktionen wächst. Der Bote, der eine Post – im Sinne von Nachricht – von A zu B überbringen soll, ist Teil eines Kommunikationssystems, in dem Sender, Empfänger und Überbringer konkret identifizierbare Personen sind. Kommt diese Post nicht an, bleiben die notwendigen Investigationsschritte auf die am Kommunikationsakt beteiligten, namhaften Personen beschränkt. Mit der Installierung territorial organisierter Postsysteme setzte die Anonymisierung der Beteiligten ein. Aus der Sicht der vereinzelt einer unbekannten Zahl von Nachrichten harrenden Empfänger steigt damit die Zahl der potenziell verloren gegangenen Postsendungen gegen unendlich, so wie die Verantwortung des Postboten mit jeder einzelnen, seinen Zustelldiensten überantworteten Nachricht wächst. In Ingeborg Bachmanns Roman »Malina« (1971) wird die Posttasche zur Büchse der Pandora, in der die Postboten *wie die Beuteltiere, kostbarste Freudenbotschaften oder unerträgliche Hiobsbotschaften mit sich herumtragen*. Sie sind als die eigentlichen *Mitwisser [...] eingeweiht in die Dinge, die furchtbar sind, die sie aber furchtlos durch die Straßen tragen*. Genau unter dieser Last seiner Mitwisserschaft bricht der Briefträger Kranewitzer zusammen und trägt die ihm anvertrauten Sendungen nicht mehr aus, sondern deponiert sie bergeweise in seiner Wohnung. Die Vorstellung abgeschickter, aber nie ankommender Botschaften strahlt eine besondere Irritation aus. Alles, was in einem Leben nie eingetreten aber sehnlichst, wenngleich vielleicht nur unbestimmt, erwartet worden ist, könnte einer dieser verloren gegangenen Mitteilungen geschuldet sein. Aus der Perspektive des Empfängers ist es dabei nebensächlich, ob die Ursache ein veruntreuender Postbote oder der Absturz des Providers ist.

Wer heute mit Dysfunktionen des E-Mail-Verkehrs kämpft – Providerausfälle, Viren, Würmer, Trojaner, Spams –, kann sich damit trösten, dass Fatalitäten auch den Postwegen eignen, ganz zu schweigen von der Chancenlosigkeit der Schneckenpost was den Zeitfaktor betrifft. Eine höhere Effektivität erreichten die postalischen Zustelldienste erst ab der zweiten Hälfte des 19. Jahrhunderts. Durch die Standardisierung der Postwege und Poststücke (1870 wurde für Kurzmitteilungen die Postkarte eingeführt) wurden die Postdienste rascher, zuverlässiger und billiger. Um 1910 wurden Selbstbedienungsautomaten für Einschreiber ebenso installiert wie Eilbriefkästen an Straßenbahnlinien, die Postämter anfuhren. Die – verglichen mit heute – extrem dichte Postversorgung kam den geschäftlichen Interessen der Gründerzeit entgegen und war auch der Liebeskorrespondenz dienlich, was die Post zu Werbekampagnen inspirierte, in denen Postkästen und Briefträger als zuverlässige und verschwiegene Liebesboten gepriesen wurden.

Trotz zunehmender Internationalisierung der Beförderungsusancen – 1878 wurde der Weltpostverein gegründet, 1912 der Luftpostverkehr eingeführt – gab es regional große Unterschiede, mit oft fatalen Folgen, auch für den brieflichen Liebesdiskurs. So sind die unterschiedlichen Postzeiten eine nie versiegende Quelle von Missverständnissen und Verstimmungen zwischen Franz Kafka und Felice Bauer in einem der dichtesten Liebes-Briefwechsel der Literaturgeschichte des 20. Jahrhunderts mit bis zu drei Sendungen pro Tag – das kommt der Frequenz des E-Mail-Zeitalters schon recht nahe. In Berlin wurde die Post damals täglich – inklusive sonntags – achtmal zugestellt, in Prag hingegen nur zweimal. Die Verständigung über postalische Modalitäten und Unzulänglichkeiten ersetzt mitunter die Liebesrede und macht aus Liebesbriefschreibern Posttheoretiker. *[..]*

man ist doch wirklich nicht auf der Welt, um der österreichischen Post nachzukeuchen und sich seine Aufregungen noch durch dieses unfähige Pack komplizieren zu lassen, schreibt Karl Kraus am 14. Mai 1914 in einem Brief an Sidonie Nádherný, in dem es um nichts anderes geht, als eben um die Beförderungsmängel der Post. Davon befreit allerdings auch das neue Kommunikationsmedium nicht. Im Liebesdiskurs via E-Mail wird die Verständigung über Funktionsstörungen nur verändert fortgesetzt. Hier geht es, wie in Evelyn Schlags »Das L in Laura« (2003) um Providerausfälle, Abstürze, Virenbefall oder sonstige Hemmnisse, die den Zugang zur Mailbox kurz- oder längerfristig verhindern und damit den Liebesdiskurs unterbrechen. Kaum auszudenken, was Franz Kafka seiner Felice in solchen Fällen gemailt hätte.

Für die Ich-Erzählerin in Ingeborg Bachmanns »Malina« symbolisiert die *postalische Krise* des Postboten Kranewitzer Unmöglichkeit, Hoffnungslosigkeit und Anmaßung, die allen Kommunikationsversuchen der Menschen eingeschrieben sind. Sie wählt für sich den tendenziellen Kommunikationsverzicht in Form fiebrig hingeworfener Briefbotschaften, die nie abgeschickt werden. Das Briefgeheimnis interpretiert als Zurückhalten der Mitteilungen, die man anderen eröffnen will und die durch den Verzicht auf das Expedieren der Botschaften endgültig verschlossen bleiben. In letzter Konsequenz macht dieses Verhalten den Postboten als solchen überflüssig; durch diese Ablösung von seiner Profanierung könnte er wieder frei werden für seine ursprünglichen Aufgaben als Überbringer göttlicher Nachrichten. Für das E-Mail ist das Problem Postgeheimnis noch nicht ausjudiziert, was die Frage freiwilliger Selbstbeschränkung allerdings nicht berührt.

Respektlose Lektüren

Lesen versus Erlebnislesen?

[...] das Glück des Lesens ist derart unvorhersehbar, daß selbst ein geübter Leser immer wieder Überraschungen erlebt.

Emile-Auguste Chartier

Seit die Verfasstheit der Buchbranche keinen Zweifel mehr lässt, dass es auch beim Geschäft mit dem Buch nur ums Geschäft geht und die Umstrukturierung nach rein wirtschaftlichen Kriterien in vollem Gange ist, wissen wir um die Quotenbedeutung der Auflagenzahlen. Die von den Großverlagen in jedem Halbjahresprogramm neu anvisierten Bestseller sind zum absoluten Fetisch des Buchmarkts geworden. Dass Bucherfolge letztlich nicht wirklich kalkulierbar sind und das Buchgeschäft die heute erforderlichen Margen in den seltensten Fällen einspielen kann, zeigt das ständige Karussell von Kooperationen, Beteiligungen und Übernahmen im Verlagsbereich, bei dem nicht selten von einer Saison zur nächsten von renommierten Verlagshäusern nur mehr der Markenname übrigbleibt, der erbarmungslos einem künstlich hochgespielten Einheitsbrei aus *saisonalem Romangesindel* (Christoph W. Aigner) übergestülpt wird.

Für Buchmenschen geht von dieser ausschließlichen Orientierung auf kurzfristige Geschäftsoptimierung eine große Irritation aus. Man kann sich Ulrich Greiners Klagen über die Gnadenlosigkeit der Marktmechanismen anschließen, mit Joseph von Westphalen kühn ein *befreiendes* Bekenntnis zum Warencharakter des Buches ablegen, oder mit Uwe Wittstock den Spieß einfach umkehren: Wenn Bücher, zum Beispiel von deutschsprachigen AutorInnen, nicht gelesen werden, dann sind sie einfach nicht gut, dann kommen sie ihrer *nobelsten Funktion*, der Unterhaltung, nicht ausreichend nach. Dass auch ein Sprechen über Literatur möglich ist, wo *langweilig* und *unterhaltsam* nicht wirklich als ästhetische Kategorien gelten, scheint aktuell beinahe in Vergessenheit zu geraten.

An diesem Punkt sorgt seit einiger Zeit das altbewährte Genre des Kriminalromans einem deus ex machina gleich für überraschende Belebung. Schon 1993 machte Paul Michael Lützeler den Detektiv, den Rechercheur und den Entdecker als die drei *Grundtypen* der postmodernen Literatur aus, die mit dem Leser *auf die abenteuerliche Suche nach Sinnangeboten* gehen. Die erstaunliche Konjunktur des Literatur-Krimis begann 1980 mit einer geschickten Kostümvariante des Genres, nämlich Umberto Ecos Roman »Der Name der Rose«, der auch erstmals demonstrierte, dass enorme Verkaufszahlen nicht nur mit eindeutig retortenmäßig produzierter Massenware à la »Lovestory« gelingen können. Das Novum lag dabei nicht in der Innovation, im Bruch mit dem Gattungsschema, sondern umgekehrt in der überraschend linientreuen Rückkehr zur Tradition.

Seit gut fünfzehn Jahren geht das jetzt schon so: jeder zweite Roman verkleidet sich als Krimi, gibt sich als ironische Paraphrase oder unterkühltes Muster eines Genres, das unzweifelhaft zu den typischen unseres Jahrhunderts gehört und über alle einfallsreichen Varianten hinweg durch ein relativ festes Regelsystem geprägt bleibt, resümierte Karl-Markus Gauß bereits 1994. Und angehängt findet sich auch ein erster Erklärungsansatz: Die Aufnahme von Elementen des Kriminalromans kann als Motor fungieren, *so recht ins Erzählen zu kommen*. Indem AutorInnen die Regeln des Krimis beachten oder auch mit ihnen spielen, *manövrieren sie sich aus der Verbotszone – Erzählen untersagt! – heraus.*

Eine Geschichte anfangen bedeutet fast immer, eine vertragliche Beziehung zwischen Autor und Leser anzuknüpfen (Amos Oz), und dafür hält der Krimi ein klar definiertes Regelwerk bereit, von dem Autor wie Leser relativ gefahrlos Gebrauch machen können. Die Vereinnahmung durch den seriellen Action-Helden der Film- und Fernsehwelt hat hier noch erstaunlich wenig Langzeitschäden hinterlassen. Es ist immer noch ein stabiles

Bündnis zwischen Autor und Leser, von dem ausgegangen werden kann und das dem Kriminalroman publikumsstrategisch einen privilegierten Platz sichert. Ob der Satz an Regeln und Zutaten nun erfüllt, unterlaufen oder auch ironisch gegenläufig gerade nicht eingelöst wird – auf den Grundkonsens lässt sich in jedem Fall vertrauen. Insofern der Kriminalroman das Verbrechen in realen Zusammenhängen zeigt, enthält er auch eine Art Versprechen, einen repräsentativen Realitätsausschnitt einzufangen. Das seit einiger Zeit als eine Art Generationsetikett herumgereichte *Es wird wieder erzählt*, speist sich über weite Strecken aus den narrativen Möglichkeiten zumindest kriminalistisch angereicherter Handlungsabläufe.

Die Positionen der Vertreter dieser jungen Erzählergeneration lauten in etwa: Schluss mit der unlesbaren *Pseudoavantgarde* der immer noch so bezeichneten *Nachkriegsliteratur* (Daniel Kehlmann, Thomas Glavinic), jetzt geht es *um fad oder lustig* (Ernst Molden). Matthias Altenburg empfahl eine Rückbesinnung auf jene *dicke Mama, die wir uns angewöhnt haben, ›das Leben‹ zu nennen*, und diesbezüglich gelte es vor allem von den spritzigen Amerikanern und Engländern zu lernen. Dass die angloamerikanische Literatur ihre Stärke in der perfekten und spannenden Oberflächenstruktur der Erzählung habe, ist dabei ein unhinterfragter Konsens. Raoul Schrott interpretierte das als eine Art *Proporz* des Feuilletons, das die Leerstelle einer verbindlichen Poetik damit füllt, eine nach amerikanischem Zuschnitt erzählende Prosa zum Maßstab zu erklären. Doch das hat weniger verschwörerische, denn allenfalls wirtschaftskriminalistische Gründe. Das Spiel mit den Bestsellern wird seit langem dominiert vom teuren Lizenzgeschäft und das aus einem simplen Grund: Vorschüsse und Übersetzungsrechte werden vor allem von den gut organisierten angloamerikanischen Agenturen immer weiter in die Höhe lizitiert. Damit sich ein so teuer eingekauftes Buch am heimischen Markt rechnen kann, muss von einer hohen Startauflage ausgegangen werden, die es mit allen Werbetricks auf dem Markt zu platzieren gilt. Die für das Einzelbuch aufgewendeten Werbeetats erreichen astronomische Höhen und sprengen oft jede realistische Kalkulation. Dafür sind gegebenenfalls Folgebücher des Autors durch Übersetzung seiner früheren Werke rascher verfügbar, während immer unkalkulierbar bleibt, wann ein Autor ein neues Buch vorlegt. Andersherum heißt das auch, mit einiger Sicherheit ist davon auszugehen, dass die angloamerikanische Literatur wesentlich besser ist als das, was uns Saison für Saison aus geschäftstaktischen Gründen als Bestseller schmackhaft gemacht werden soll, und zu einem großen Teil einfach aus dem Fundus des leicht Übersetzbaren stammt. *Haben die Literaturagenten und Meisterkritiker nicht begonnen, Literatur mit Romanen zu verwechseln? Und Romane mit Unterhaltung?*, fragte sich der deutsche Germanist Manfred Schneider schon vor einigen Jahren.

Der Umgang mit dem Bestsellergeschäft ist auch hierzulande mittlerweile ein recht unverkrampfter. *Rezepte aus der Bestsellerküche*, titelte im November 1998 das heimische Buchhandelsmagazin »Anzeiger« und listete Punkt für Punkt die nötigen Zutaten auf. Spannende Krimihandlung ist schon recht gut als Ausgangsbasis, dazu ein flotter Titel und vielleicht ein mentalitätsgeschichtlich gut vermarktbares Versatzstück. Nimmt man zum Beispiel die in den mitteleuropäischen Kleinhaushalten unaufhaltsam ansteigende Katzenpopulation – warum nicht eine Krimistruktur mit Katzen als Akteuren, Mitbewohnern, Hilfsdetektiven oder Opfern? Das Abmischungsverhältnis ist vergleichsweise beliebig, heraus kommt im Idealfall ein zumindest kurzfristiger Seller wie »Felidae«. Wer erinnert sich noch? Dass dem Krimi beim Kampf um einen Listenplatz besondere Chancen eingeräumt werden, zeigen auch die diversen Leitfäden »Wie schreibe ich einen Krimi?«, die nicht zufällig den Manualen zum Drehbuchschreiben zum Verwechseln ähnlich sehen. In beiden Fällen geht es – so wird suggeriert – ums große, schnelle Geschäft mit dem Schreiben.

Spätestens jetzt kommt man um die entscheidende Frage nicht mehr herum: Was ist denn schlecht dran, wenn es sich einfach gut liest und nicht fad ist? Vielleicht ist es hilfreich, die Frage andersrum zu formulieren: Was ist daran gut? Nicht für das Buch*geschäft*, sondern für die Literatur. Werden ihr und den Lesern damit neue Möglichkeiten und Dimensionen erschlossen? Welche? Versuchen wir's bei einer der Geburtsstunden des Kriminalromans. *In der ganzen Geschichte des Menschen ist kein Kapitel unterrichtender für Herz und Geist als die Annalen seiner Verirrungen.* Das ist von Schiller und steht am Beginn seiner Erzählung »Der Verbrecher aus verlorener Ehre« (1792). Die Crux liegt nun in der Festlegung dessen, was man alles unter *Verirrungen* verstehen will. Und da wäre vielleicht Entspannung angesagt. Nachdem Irrungen und Wirrungen fixer Bestandteil des menschlichen Lebens sind, enthält es in seiner ganzen verqueren Vertracktheit immer schon ein unerschöpfliches Spannungspotenzial, das seit jeher den Stoff der Literatur abgegeben hat. Es ginge vielleicht nur um eine Art Neudefinition unserer Vorstellung von diesen *Verirrungen*, die lange vor Mord, Totschlag, Erpressung und Kinderpornoringen beginnen. Das impliziert ein Votum für Langsamkeit und auch für Langeweile, genauer für das Recht auf Langeweile, aus der die Literatur einen Gutteil ihrer Widerständigkeit und Gegenläufigkeit bezieht. Die größere Gefahr besteht heute sicher darin, dass die Defizitbilanz der Literatur mehr in Richtung Gleichklang mit dem Zeitgeschmack ausschlägt, denn in Richtung Vernachlässigung von Storygesetzmäßigkeiten, die Handbücher wie Workshops gut trainieren.

Vielleicht beginnt das Problem mit der spannenden Lektüre schon beim Rasieren. *Wo normierte Routine den Alltag bestimmt, wird selbst der Umgang mit Rasierschaum und Klinge zum Abenteuer*, stellt Kurt Luger in seiner Analyse unserer *Erlebnisgesellschaft* fest. Der *modebewusste Erlebnismensch* – keine ungeschickte Wortneuschöpfung von mir, sie entstammt dem Prospekt für einen Abenteuerurlaub – sucht mit verschiedensten Mitteln bis hin zu tollkühnen Off-Road-Aktionen auf den Spuren des Marlboro-Cowboys *etwas Leben ins Leben* zu bringen.

Warum also nicht auch etwas Spannung ins Lesen? Beides sind Tautologien, die beim schnellen Drüberlesen kaum mehr als solche bewusst werden. Spannung ist genuiner Bestandteil von Literatur. Wie sie uns welche Ereignisse und Ausschnitte mitteilt, was wir von den Figuren und Orten zu ›sehen‹ bekommen, wie und weshalb sie uns dazwischen mit Leerstellen allein lässt, um uns gleich darauf wieder mit neuen Belichtungen und Abtönungen zu konfrontieren oder auch zu verwirren, wie sie mit Sprache und Wortbedeutungen spielt und damit unseren Widerspruch herausfordert oder unser Verständnisvermögen austestet – das ist ihre Qualität und ihre besondere Dotation. Der Spannungsbogen muss um nichts flacher sein, wenn es nicht um Alibis oder Tatwaffen geht, sondern um mehrdeutige Signale und verwegene (Sprach)Bilder. Dass das heute erinnert werden will, zeugt von großer Irritation. Der Dauerbeschuss der Spaßkultur, mit der die vergleichsweise Beschaulichkeit des Lesens den Wettlauf immer schon verloren zu haben scheint, ist dem selbstbewussten Vertrauen in die genuinen literarischen Mittel der Spannungserzeugung wohl nicht förderlich und auch nicht der Erkenntnis, dass Terraingewinne in der falschen Disziplin à la longue einen nicht wieder gut zu machenden Ressourcenverlust bedeuten und damit in ihr Gegenteil umschlagen können. Mit einiger Wahrscheinlichkeit lässt sich voraussagen, dass gerade jene Bücher, die den Untergang der Belletristik verhindern sollen, so die deutsche Schriftstellerin Brigitte Kronauer, *demnächst von bequemeren Darreichungsformen als ausgerechnet den spröden schwarzen Buchstaben auf weißem Papier abgelöst werden.*

Die Literatur, so Günter Brus, ist *der einzig dichte Regenschirm in der Erlebnisanstalt ›Dauerberieselung‹*. Wo die halbe Welt bereits zum Amüsement erlöst ist, steht allerdings auch dieser Schirm nicht mehr voraussetzungslos zur Verfügung. Es geht nur darum festzuhalten, dass die spezifischen Spannungselemente, die dem (guten) Kriminalroman eignen, nur ein sehr kleiner Teil der unendlich vielen Möglichkeiten sind, die Literatur zum Erlebnis machen können. Es geht um ein Freispielen von der Vorstellung, Krimihandlung und nur Krimihandlung verbürge zeitgemäßes *Erlebnislesen*, denn das vergisst, wie spannend Literatur immer schon gewesen ist – lange bevor Marketingmanager für uns das Erlebnis entdeckten und auch noch weit jenseits von Action und Tempo. Unter der Hand könnte sich sonst anstelle des heute wiederholt abgemahnten *Zwangs zum Avantgardismus* ein noch viel flächendeckenderer und tendenziell irreversibler *Zwang zur Unterhaltung* endgültig in der Literatur festsetzen.

»Wenn ein Kind an einem Sommermorgen« heißt in Anspielung auf Italo Calvinos Leserroman Roberto Cotroneos Buch, das zur lesenden Inbesitznahme der Literatur für das eigene Leben und Denken aufruft und ein gerüttelt Maß an Respektlosigkeit einfordert. Es ist als Brief in die Zukunft konzipiert, seinen zweijährigen Sohn als Symbol für künftige Lesergenerationen in die Welt der Bücher einzuführen. Manche Formel, in die Cotroneo seine Liebe zum Buch kleidet, fällt ein wenig in die Kategorie der Heidenbekehrung, die Hanna Johanson kritisierte. *Trau denen, die gerne lesen, hab Vertrauen zu denen, die immer einen Gedichtband mit sich herumtragen. Und misstraue denen, die dir sagen, sie hätten keine Zeit zum Lesen.* Inhaltlich mag das jeder Buchliebhaber ähnlich empfinden, so apodiktisch ausgesprochen hat man dennoch Mühe, ein prinzipielles Misstrauen gegen solche Merksätze zu unterdrücken. Schließlich wissen wir heute sehr gut, dass Hölderlin rezitieren und KZ-Insassen foltern gut zusammengehen kann. Dennoch, Cotroneos Ansatz, der Welt der Bücher mit nicht allzu viel Ehrfurcht zu begegnen, sondern sie als frei zugängliche, individuell verwertbare Angebote zur Welteroberung zu nehmen, ist sympathisch; und er ist äußerst produktiv, wenn es darum geht, Lust und Spaß und Spannung zu demonstrieren, die mit dem Lesen verbunden sind, und die erstaunlichen Aktualitätspotentiale auszuloten, die in den Büchern stecken. Die Geschichte von Phaethon, dem Sohn des Sonnengottes Helios, der die Erlaubnis erhält, den Sonnenwagen einen Tag lang zu lenken, damit einen Weltbrand verursacht und daraufhin von Zeus mit dem Blitz erschlagen wird, kann im

Handumdrehen zu einem Bericht aus dem Chronikteil der Tagespresse werden: Sohn klaut Vater die Autoschlüssel und baut in den frühen Morgenstunden auf dem Heimweg von der Disco einen veritablen Totalschaden (© Wendelin Schmidt-Dengler). Im schlimmsten Fall übernimmt das crashende Auto auch gleich die Arbeit von Jupiters Blitzfaust – rationeller ist ja doch vieles geworden in den letzten paar tausend Jahren.

siehe auch S. 44 u. 161

Bär (Bärendienst Buchversand), Dachs (Dachs Verlag), Drache (Klett-Cotta), Elefant (Elefanten Press), Nilpferd (NP Buchverlag), Pinguin (Penguin Books), Pferd (Springer), Rotfuchs (rororo)

Verlagszoo, ›Große Tiere‹, Schautafel 2

Faust, die Kulturpolitik und ein Tipp von Schiller

Die Bücher, die wir nicht lesen, sind voller Warnungen; wir werden nie von ihnen erfahren oder sie werden zu spät kommen.

Javier Marias

Aus alt mach neu, das soll zum Abschluss am Beispiel einer hemmungslosen Modernisierung im Furor des Regietheaters demonstriert werden. Das ist der Vorteil des Lesens: Jeder kann das Gelesene rücksichts- und schrankenlos auf sich und seine Zeit beziehen, ummodeln, auffrisieren – nicht unbedingt im germanistischen Seminar, aber für sich selbst ist dem Leser einfach alles erlaubt. Die folgende Lektüre von Goethes »Faust I« und Schillers Ballade »Der Kampf mit dem Drachen« unterlegt den Texten Befindlichkeiten des beginnenden dritten Jahrtausends und liest auch eine Ebene der aktuellen kulturpolitischen Misere hinein. Denn wenn Kulturbudgets über Jahre hinweg eingefroren bzw. beschnitten werden, hat man nicht nur um die Kultur zu fürchten, sondern auch um die Arbeitslosenstatistik.

Und schnell und unbegreiflich schnelle / Dreht sich umher der Erde Pracht, sinniert der Erzengel Gabriel im *Prolog im Himmel* vor sich hin. Dr. phil. Heinrich Faust ist von diesen rasanten Modernisierungsschüben aus der Bahn geschleudert worden. Unbrauchbar sind alle mühsam erworbenen Qualifikationen, die er im Auftrittsmonolog aufzählt: *Habe nun ach! ... Durchaus studiert ... Da steh ich nun, ich armer Tor!* Die Karriereplanung hat einen Knick erhalten, Wohlstand und ein gewisses Ansehen haben sich nicht eingestellt (*Auch hab ich weder Gut noch Geld, / Noch Ehr und Herrlichkeit der Welt*). Also versucht er es mit Esoterik (*Drum hab ich mich der Magie ergeben*) – umsonst. Immer noch bewohnt er ein *verfluchtes dumpfes Mauerloch*, noch dazu vollgestopft mit *Bücherhaufen*, die sich verstaubt bis an die Zimmerdecke türmen – ein unlösbares Problem bei beschränkten Wohnverhältnissen, wie wir schon gesehen haben. Noch dazu war der Winter besonders lang (hohe Heizkosten) und erotisch spielt sich auch nichts ab: *Wo faß ich dich, unendliche Natur? / Euch Brüste, wo?* Wer glaubt, Fausts Sehnsucht ziele hier auf naturwissenschaftliche Erkenntnis, möge vorblättern zu jener Stelle, wo Faust des Abends Margaretes Stube inspiziert. Just beim Anheben ihres *Bettvorhangs* findet er das Gesuchte mit einem *Wonnegraus: Natur! Hier bildetest in leichten Träumen / Den eingebornen Engel aus; / Hier lag das Kind! mit warmem Leben / Den zarten Busen angefüllt.*

Halten wir fest: Fausts Gesamtzustand ist zu Beginn des Stücks ziemlich schlecht: kein adäquater Job, keine Ersparnisse, keine Frau. Denn schüchtern ist er auch: *Vor andern fühl ich mich so klein; / Ich werde stets verlegen sein* – das gesteht er allerdings erst später, bevor ihn Mephistopheles bei den *lustigen* Gesellen im Auerbachschen Heurigen einführt. Fausts Sozialkontakte reduzieren sich im Wesentlichen auf einen gewissen Herrn Wagner, kein angemessener Umgang, aber immerhin einer, bei dem er seine Überlegenheit ein wenig ausleben kann. Als Wagner mitten in Fausts depressive Lebensbilanz hineinplatzt, knurrt er zwar etwas von einem *trockenen Schleicher*, der ihn gerade jetzt stören muss. Aber Wagners devote Art schmeichelt Faust sichtlich und er gerät unversehens in ein etwas geschwätziges Suadern. Er kann und will sich nicht mit der postmodernen Beliebigkeit (*Leimt zusammen / Braut ein Ragout von andrer Schmaus*) und der Notwendigkeit mediengerechter Selbstpräsentation (*Allein der Vortrag macht des Redners Glück*) abfinden. Die im Monologisieren leicht gebesserte Stimmung kippt wieder, sobald ihn Wagner verlässt. Der soziale Absturz ist für den Intellektuellen schwer zu ertragen, wie ausgebrannt sind die Gedanken. *Wenn Phantasie sich sonst mit kühnem Flug / Und hoffnungsvoll zum Ewigen erweitert, / So ist ein kleiner Raum ihr nun genug, / Wenn Glück auf Glück im Zeitenstrudel scheitert.*

Unweigerlich stellen Selbstmordgedanken sich ein. Jetzt kommt die Szene mit der Phiole, die wortreich und mit viel Pathos besungen, aber nicht ausgetrunken wird (man weiß: die Osterglocken). Angesprochen wird hier auch erstmals Fausts latentes Alkoholproblem (*Auf einen [!] Zug die Höhlung auszuleeren, / Erinnert mich an manche Jugendnacht*), das einige spätere Sprünge in der Handlungsführung erklären helfen kann. Es folgt der Osterspaziergang, mit Wagner natürlich. Ein bisschen wandern gehen, dem Körper etwas Gutes tun, das baut auf – ein Wochenende im Wellnesshotel wär' einfach zu teuer. Gut tut Faust sichtlich auch, dass ihn ein *alter Bauer* ehrerbietig mit *Herr Doktor* anspricht, was der psychologisch nicht ungeschickte Wagner so stark herausstreicht (*Welch ein Gefühl mußt du, o großer Mann, / Bei der Verehrung dieser Menge haben!*), dass Faust nobel darauf schweigen kann. Er ist nicht mehr der jüngste, das viele Sitzen (und Trinken) macht sich konditionell bemerkbar, er will *Nur wenig Schritte noch hinauf zu jenem Stein*, um zu rasten. Kaum wieder bei Atem, quält er seinen geduldigen Zuhörer neuerlich mit endlosen Monologen, zum Beispiel darüber, dass man sich immer für die falschen Umschulungskurse entscheidet (*Was man nicht weiß, das eben brauchte man, / Und was man weiß, kann man nicht brauchen.*) Unversehens gerät Faust dann in Naturschwärmerei, die ihn in gefährliche Nähe zu manischer Selbstüberschätzung führt. Er imaginiert sich als Sonnenball, dem nichts *hemmte dann den göttergleichen Lauf.* Wagner greift sensibel ein, um ihn auf den Boden der Realität herunterzuholen: *Man sieht sich leicht an Wald und Feldern satt.* Auch als Faust dann alles Mögliche in einen zugelaufenen Pudel hineinphantasiert, versucht Wagner ihn einzubremsen: *Er knurrt und zweifelt, legt sich auf den Bauch, / Er wedelt. Alles Hundebrauch.*

Aber für Faust ist der Pudel mehr, nämlich *ein willkommner stiller Gast*, also der Versuch, das Single-Dasein mit einem Haustier erträglicher zu gestalten. Aber auch Haustiere stellen ihre Ansprüche, das Zusammenleben – zumal in beengten Wohnverhältnissen – verläuft nicht friktionsfrei. Faust versucht zu arbeiten, der Pudel will Ansprache und bellt, und schon will Faust, der Hagestolz, *Solch einen störenden Gesellen* nicht mehr in seiner Nähe leiden.

Jetzt kommt des Pudels Kern, und der ist zugegebenermaßen nur mit Fausts Alkoholproblem zu lösen. Das wirkt vielleicht etwas gewagt, aber glücklicherweise finden sich im Text einige Hinweise in diese Richtung. Zum Beispiel schläft Faust sehr plötzlich ein – eingesungen von einem *Geisterchor*, so kann man's natürlich auch nennen. Wieder erwacht, fühlt er sich erwartungsgemäß ziemlich elend und kommt im Selbstgespräch mit verteilten Rollen sofort wieder auf sein aktuelles Lebensproblem zu sprechen: *Ich bin zu alt, um nur zu spielen, / Zu jung, um ohne Wunsch zu sein.* Schlaflosigkeit plagt ihn seit langem (*Auch da wird keine Rast geschenkt*) und was er an Kräften und Ideen *im Busen* trägt, *kann nach außen nichts bewegen.* In seiner nun schon bekannt pathetischen Art verflucht Faust eine Reihe von Dingen, die er an seiner Lebensmisere schuldig wähnt, darunter das Streben nach Ruhm (*der Namensdauer Trug*) und auch der Alkohol (*Fluch sei dem Balsamsaft der Trauben!*).

Der Pakt mit dem Teufel ist dann eigentlich die Kapitulation vor der Schnelllebigkeit der Zeit und ihren Leitwerten. Dynamik, Veränderung, Oberflächlichkeit, Eventkultur sind angesagt: *Stürzen wir uns in das Rauschen der Zeit, / Ins Rollen der Begebenheit! […] Nur rastlos betätigt sich der Mann.* Das deckt sich mit Mephistos Programm: *Den schlepp ich durch das wilde Leben, / Durch flache Unbedeutendheit.* Aber Faust ahnt schon, dass er auch dabei so wenig wie in Esoterik und Religion Befriedigung finden wird: *von Freud ist nicht die Rede. / Dem Taumel weih ich mich, dem schmerzlichsten Genuß.*

Und was Mephisto zunächst bietet, ist wirklich mehr als dürftig. Diese polternde Banalität beim Trinkgelage in Auerbachs Keller, der derbe Scherz mit dem Nasenabschneiden – verständlich, dass Faust schon nach kurzem Hineinschnuppern in die Heurigenatmosphäre der übleren Sorte wieder gehen will (*Ich hätte Lust, nun abzufahren*). Mephisto zieht seine Show zwar fertig ab, aber was Faust betrifft ohne jedes Ergebnis.

Allerdings, getrunken wird er schon einiges haben, im Auerbachschen Keller, zumal er sich in dieser rüden Gesellschaft mehr als unwohl gefühlt hat. Das könnte wiederum helfen, den scharfen Schnitt zur nächsten Szene zu erklären: die Hexenküche. Man kann diese Hexenküche aber auch mit mehr Realistik unterlegen. Faust versucht es mit der Wellness-Welle, jetzt zahlt ja Mephisto. *Wohl dreißig Jahre* will er sich vom Leibe schaffen. Im Spiegel in der Hexenküche alias Fitnessstudio sieht er dann *Das schönste Bild von einem Weibe*, in das er sich, in diesen Dingen wie wir wissen wenig erfahren, sofort verliebt. Aber seine Trainer – Mephisto und die Hexe – verordnen ihm zuvor noch eine besondere Medizin, offenbar eine Mischung aus isothonischem Getränk und Viagra. Nicht ungefährlich für den Klienten, aber Mephisto beruhigt die Hexe, Faust sei diesbezüglich geeicht, *ein Mann von vielen Graden, / Der manchen guten Schluck getan.* Anschließend wird er noch in die Kraftkammer geschickt, denn er muss jetzt *notwendig transpirieren, / Damit die Kraft durch Inn- und Äußres dringt.* Dafür winkt der Lohn: *bald empfindest du mit innigem Ergetzen, / Wie sich Cupido regt und hin und wider springt.* Ob's gleich so funktionieren wird, scheint Faust selbst eher zweifelhaft. Denn als er dann heimlich und allein erstmals in Margaretes Stübchen steht (das ist die Szene mit Natur und Busen und so), hat Faust auf einmal Angst, das Objekt der Begierde könnte plötzlich hereinkommen und *Der große Hans, ach wie so klein! / Läg, hingeschmolzen, ihr zu Füßen.* Dass es dann doch geklappt hat, veranlasst Faust zu einem Dankesmonolog an Gott (*Gabst mir die herrliche Natur zum Königreich, / Kraft, sie zu fühlen, zu genießen*). Wohl auch aus dieser Unsicherheit heraus, hat er sich ein blutjunges Mädel aus der Vorstadt für seine erste Eroberung ausgesucht, deren grenzenlose Bewunderung (*was so ein Mann / Nicht alles, alles denken kann!*) ihm die nötige Selbstsicherheit verleiht. Die Folgen dieser Mesalliance sind bekanntlich fatal: Die Mutter überlebt den verabreichten Schlummertrunk nicht, Gretchen wird schwanger, Faust ersticht ihren Bruder und verlässt die schwangere Vollwaise.

Der Bruch ist radikal, nicht nur für Gretchen, auch für den dramaturgischen Aufbau: Es folgt die Blocksberg-Szene. Möglich, dass beim Zustandekommen der *Traum- und Zaubersphäre* im Zuge der Bergwanderung ein Flachmann mit im Spiel ist, denn *Alles, alles, scheint zu drehen.* Jedenfalls geht es in dieser (mythischen?) Bordellszene reichlich orgiastisch zu und Faust ist plötzlich so vollkommen entfesselt, dass Mephisto selbst ihn etwas zügeln muss (*Es ist zu toll, sogar für meinesgleichen*). Was die weitere Entwicklung des Dr. phil. Heinrich Faust betrifft, könnte der Schlüsselsatz vielleicht aus dem am Blocksberg aufgeführten Theaterstück *Walpurgisnachtstraum oder Oberons und Titanias Goldne Hochzeit* herausgelesen werden. Der *Genius der Zeit* verkündet hier: *Mit rechten Leuten wird man was. / Komm, fasse meinen Zipfel! / Der Blocksberg, wie der deutsche Parnaß, / Hat gar einen breiten Gipfel.*

Es folgt der kurze Abgesang: Fausts Katzenjammer (die einzige Szene in Prosa) und sein später, mehr als halbherziger Versuch, Gretchen aus dem Kerker zu befreien und zu retten, aber dafür ist es natürlich ziemlich genau neun Monate zu spät. Fraglich auch, ob in »Faust II« wirklich nachzulesen ist, wie es mit Dr. phil. Heinrich Faust weitergeht. Denkt man sich den Götterapparat weg, wirkt ein rasant beschleunigter sozialer Abstieg glaubwürdiger. – Nein, so wie in »Faust II« funktionieren Karrieren nicht, weder damals noch heute. Da ist man mit Friedrich Schillers »Kampf mit dem Drachen« vielleicht doch näher dran. Die Ballade lässt sich übrigens auch in den nächsten Griechenland-Urlaub gut integrieren mit einem Abstecher nach Rhodos, in die Sandruli Schlucht an der Bucht von Tiranda, wo Schiller nie war, aber sein Drache, der eigentlich ein Krokodil ist, und der Sage nach anno 1342 hier an Land gegangen sein soll.

Es beginnt mit einem großen Coup, den ein ehrgeiziger Newcomer landet. Er tötet den Drachen und beendet damit seine Schreckensherrschaft. Das jubelnde Volk begleitet ihn zum Zentrum der Macht, wo sich der vielversprechende junge Mann zu recht eine Belobigung erwartet. Doch der *Fürst*, wie es überraschend heißt – ist der *edel Meister* doch eigentlich der Ordensvorstand –, zeigt sich wenig erfreut. Ob Fürst oder Vorstand, der junge Held hat an ihm vorbei für die Beseitigung eines Übels gesorgt, das keiner der Mächtigen beseitigt haben wollte. Möglicherweise regt sich im Vorstand auch Konkurrenzneid. Die Jungen drängen ja überall nach und die Alten müssen ständig fürchten, den Anschluss zu verpassen. Aber ob sie ihre Leistung bringen oder nicht, sie sitzen nun einmal im Sattel und sind wild entschlossen, dort bis zur Pensionierung zu bleiben. Also spricht der Chef die fristlose Entlassung aus. Begründung: Kompetenzüberschreitung.

Der selbstbewusste junge Mann handelt noch einmal eigenmächtig, indem er sich Redezeit aneignet – *Herr, richte, wenn Du alles weißt* – und beginnt weitschweifig seine Selbstdarstellung *mit gesetztem Geist.* Er ist eindeutig rhetorisch besser geschult als Kollege Faust. Zuerst versucht er das existierende Verbot des Drachenkampfes argumentierend zu entkräften, denn die offizielle Version dafür lautet: *Fünf unseres Ordens waren schon [...] Des kühnen Mutes Opfer worden.* Also wurde das Verbot im Interesse der Mönche ausgesprochen – wir befinden uns in der Zeit der Kreuzzüge – um junge Glaubensfanatiker daran zu hindern, für posthumen Ruhm und ewiges Leben leichtsinnig das Abenteuer zu suchen. Das trifft aber an unserem Drachentöter vorbei. Er handelt keineswegs überstürzt wie ein neurotischer Eiferer, sondern überlegt und ruhig kalkulierend. Gerade das macht ihn ja gefährlich für den Vorstand, der junge Mann ist einfach zu gut. Im großen Mittelteil der Ballade, immerhin 16 der 25 Strophen, schildert er die sorgfältige Planung und überlegte Durchführung der Tat. Ausführlich berichtet er, wie, getrieben von *Streitbegier*, aber auch von Empörung über das Elend des Volkes, der Entschluss in ihm reifte. Man hört einen Ton von sozialem Engagement heraus. Denkt da ein angehendes Mitglied der Elite unausgesprochen: toter Mönch ist gleich toter Hirte, Menschenleben ist gleich Menschenleben? Aus seinem Glauben heraus, man könnte auch Ethik-Verständnis sagen, sieht er einen Auftrag, für das Wohl des Volkes zuständig zu sein: *Bekriegt er (der Christ) nur die falschen Götter?* Diesen Gedanken äußert er so treuherzig, als könne er sich nicht vorstellen, dass am Fortleben des Drachen ein Interesse bestehen könnte.

Vielleicht ist das aber nur geschickte Rhetorik, denn immerhin machte er sich heimlich ans Werk. Unter dem Vorwand, einen Urlaub zu benötigen, nimmt er die langwierige Vorbereitung in Angriff. Er baut einen künstlichen Drachen und trainiert sich selbst, sein Ross und zwei Doggen in die adäquaten Kampftechniken ein. Das ist eine originelle Herangehensweise – vielleicht macht das den alten Vorstand noch wütender, dem schon lange nichts Originelles mehr eingefallen ist. Natürlich ist der junge Mann stolz auf seine Leistung, lässt sich vom Volk feiern – gibt Interviews, genießt das Blitzlichtgewitter – und freut sich, auf der Karriereleiter ein Stück weiterzukommen. Man könnte das Ganze auch so sehen: Da hat ein junger Kopf eine gute Idee, geht erfindungsreich zu Werke, sucht sich die geeigneten Bündnispartner (Ross und Doggen) und erreicht sein großes Ziel: sagen wir die Formel für ein kostengünstiges Medikament gegen eine verbreitete Volkskrankheit, oder die Alternative zum Benzinmotor aus erneuerbarer Energie – alles schön und gut, nur die Sachzwänge hat er übersehen.

Und so ist der Vorstand auch wenig beeindruckt von der selbstbewussten Rede des jungen Mannes und wiederholt die fristlose Entlassung. Was tut der Held? Reagiert er emotional? Oder fordert er das ihm zugetane Volk auf, seine Partei zu ergreifen, und ruft die Medien zu Hilfe? Da ist der Ausgang natürlich immer ungewiss und erfahrungsgemäß gewinnt dabei nur sehr selten der Ohnmächtige, da sitzen die alten Vorstände einfach immer zu behäbig in ihren Sesseln. Mit der Macht kann man sich auch anders arrangieren, aber arrangieren muss man sich. Denn groß ist die Wahrscheinlichkeit, dass den jungen Mann, reihte er sich erst einmal ein ins Heer der freiberuflichen Intellektuellen, gar noch behaftet mit dem Makel der ›Fristlosen‹, ein Faust-Schicksal erwarten würde. *Schweigend blickt er nieder*, überdenkt seine

Optionen und trifft die richtige Entscheidung: Er entledigt sich *still* der Ordensuniform, küsst *des Meisters strenge Hand / Und geht.* Sein Kalkül geht auf, jetzt darf er natürlich bleiben, die Demütigung hat funktioniert, das Image des alternden Platzhirschen ist repariert, und der junge Mann signalisiert, dass er seine Lektion gelernt hat. Er wird künftighin auf Hierarchien und Sachzwänge je nach Maßgabe der Lage sorgfältig Rücksicht nehmen – eine gültige Parabel auf eine der Grundregeln effektiver Herrschaftstechnik.

Denn was das ehrgeizige Nachwuchstalent im Eifer übersehen hatte: Der Drache ist eine Art unbesiegbarer Sachzwang, unter dem zwar scheinbar alle gleich zu leiden haben, aber einige doch ein wenig gleicher. Fünf im Kampf getötete Mönche sind eine tragische Bilanz, die Zahl nicht-mönchischer Opfer ist ungleich höher. Sachzwänge sind für jene, die über die Macht verfügen, sie zu definieren, immer auch etwas Nützliches. Und genau das ist der Punkt. Bestimmend für die Strenge des Ordensvorstands ist ein machtpolitisches Kalkül, nicht nur dem jungen Mann gegenüber. Die Präsenz des Ungeheuers sorgt im Volk für das Bewusstsein einer permanenten Bedrohung und garantiert damit das Bedürfnis nach Glaubens- oder Konsumtrost, was die Position der Eliten auf Dauer gut stützt. Wer dazugehören will und diesen fundamentalen Interessen zuwiderhandelt, steht auf der anderen Seite der Barrikade: *Ein Feind kommst du zurück dem Orden.* Denn an Drachen, Volkskrankheiten oder Benzinmotoren ist immer auch gutes Geld zu verdienen. Der Sachzwang, so Günther Anders, ist *der philosophische Ausdruck für Geschäftsinteresse.*

Das potenziell viel gefährlichere Ungeheuer ist in Schillers Ballade eindeutig das Volk. Wo es im Text auftritt, wird es in Metaphern aus der Lebenswelt des Drachen beschrieben. In der Eingangs- wie Schlussszene *wälzt* es sich, *rottet sich im Sturm zusammen* und bricht schließlich *tobend* aus – das klingt nach Volksaufstand. Wenn unser junger Mann am Schluss einsieht, dass die Aufgabe des Intellektuellen nicht in der Arbeit an der Verbesserung des Wohlstands für alle liegt, spricht der *Meister* vom viel *schlimmern Wurm*, den er in seiner Seele nunmehr überwunden habe. Die angehängte Lehre heißt dann ganz konkret: *Mut zeiget auch der Mameluck, / Gehorsam ist des Christen Schmuck*. Das ist auch abgesehen vom rassistischen Ausrutscher ziemlich deutlich und schwer erträglich, zumindest wenn man den Text, wie es wohl lange üblich war, als Dokument des Humanismus liest. In Schillers Balladen kann man *zu recht fraglichen Schlüssen kommen, wenn man sie strikt auf ihren moralischen Gehalt abklopft*, bemerkte schon Ruth Klüger, der das Rezitieren Schillerscher Balladen die Qualen des Konzentrationslagers überleben half. Aus dem historischen Kontext heraus zeigt »Der Kampf mit dem Drachen« nur: Hier schreibt ein von den historischen Ereignissen verunsicherter Zeitgenosse gegen die politischen und sozialen Ängste seiner Zeit an. Die hießen damals (1798) nicht Globalisierungsfuror und soziale Destabilisierung, sondern Volksaufstand und Französische Revolution. In solchen historischen Umbruchsmomenten werden immer auch phantastische Karrieren möglich. Wer seine Lektion in Sachen Herrschaftstechnik rechtzeitig lernt und sich ein partizipatives Plätzchen sichert, hat gute Chancen, die in solchen Phasen ebenfalls sprunghaft ansteigende Dropoutrate nicht zu vergrößern.

Schillers Balladen und Goethes »Faust« gelten – vor allem bei Schülern – nicht gerade als spannende Lektüren. Das müsste durchaus nicht so sein. Das Eingangsbild der im freien Meer der Literatur treibenden Bücherschiffe impliziert auch, dass jedes einzelne der Bücher unendlich vielen Lesarten offen ist. Sie stehen jederzeit bereit für piratische Zugriffe, und die Enterhaken können nach Belieben aus den je eigenen Erfahrungen, Vorstellungen und Phantasien zusammengebastelt werden. Bücher sind einfach *Zauberschlüssel* (Hermann Hesse) zu einer unendlichen Welt, die jeder Leser anders erlebt. Es führen tausend Wege durch das wilde Büchermeer, *zu tausend Zielen, und kein Ziel ist das letzte, hinter jedem gehen neue Weiten auf*. Wer mitreist auf den Bücherschiffen, wird immer neue Ziele und neue Ufer vor sich sehen.

Handbibliothek

Am Ende – das Buch. Semiotische und soziale Aspekte des Internet. Hrsg.: Uwe Jochum, Gerhard Wagner. Konstanz: UVK, 1998.

Der Autor, der nicht schreibt. Versuche über den Büchermacher und das Buch. Hrsg.: Rebekka Habermas, Walter H. Pehle. Frankfurt/M.: Fischer, 1989.

Nicholson Baker: Double Fold, Libraries and the Assault on Paper. New York: Random House, 2001.

Matthew Battles: Die Welt der Bücher. Eine Geschichte der Bibliothek. A. d. Amerik.: Sophia Simon. Düsseldorf: Patmos, 2003.

Peter Bichsel: Der Leser. Das Erzählen. Frankfurter Poetik-Vorlesungen. Darmstadt, Neuwied: Luchterhand, 1982.

Big business Literatur,--. Reflexionen über den Marktwert der Literatur. Hrsg.: Hannes Luxbacher, Andreas R. Peternell, Werner Schandor. Wien: Triton, 2002.

Sven Birkerts: Die Gutenberg-Elegie. Lesen im elektronischen Zeitalter. A. d. Amerik.: Kurt Neff. Frankfurt/M.: S. Fischer, 1997.

Wolfgang Bittner: Beruf: Schriftsteller. Was man wissen muss, wenn man vom Schreiben leben will. Reinbek: Rowohlt Taschenbuch Verlag, 2002.

Hans Blumenberg: Die Lesbarkeit der Welt. 2. Auflage. Frankfurt/M.: Suhrkamp, 1989.

Margit Böck: Das Lesen in der neuen Medienlandschaft. Zu den Lesegewohnheiten und Leseinteressen der 8- bis 14-Jährigen in Österreich. Mitarb.: Sabine Funk, Karin Haller. Innsbruck, Wien, München: StudienVerlag, 2000.

Das Buch meines Lebens. Erinnerungen an das Lesen. Hrsg.: Martin Bernhofer. Wien: Sonderzahl, 1999.

Quint Buchholz: BuchBilderBuch. Geschichten zu Bildern. Zürich: Sanssouci, 1997.

Bücher, nur Bücher! Texte vom Lesen und Schreiben. Hrsg.: Peter Keckeis, Jürg Zimmerli. Zürich: Zürcher Buchhändler- und Verleger-Verein, 1991.

Luciano Canfora: Die verschwundene Bibliothek. A. d. Ital.: Andreas und Hugo Beyer. Berlin: Rotbuch, 1988.

Douglas Cockerell: Der Bucheinband und die Pflege des Buches. Ein Handbuch für Buchbinder, Bibliothekare und Bibliophile. A. d. Engl.: Felix Hübel. Für die 2. Auflage durchgesehen: Maria Lühr. Ill.: Noel

Rooke u. a. Leipzig 1925. Reprint. Hannover: Th. Schäfer, 1998. (Edition »libri rari«).
Roberto Cotroneo: Wenn ein Kind an einem Sommermorgen. Brief an meinen Sohn über die Liebe zu Büchern. Frankfurt/M.: Insel, 2002.
Klaus Döhmer: Merkwürdige Leute. Bibliothek und Bibliothekar in der Schönen Literatur. Würzburg: Königshausen & Neumann, 1982.
Hajo Eickhoff: Himmelsthron und Schaukelstuhl. Die Geschichte des Sitzens. München: Hanser, 1993.
Elmar Faber: Die Allmacht des Geldes und die Zukunft der Phantasie. Betrachtungen zur Bücherwelt. Leipzig: Faber & Faber, 2003.
Gerhard Falschlehner: Vom Abenteuer des Lesens. Salzburg, Wien: Residenz, 1997.
Annie François: Buchgeflüster. Autobiobibliographie. A. d. Franz.: Marianne Schönbach. Mannheim: Persona Verlag, 2002.
Gérard Genette: Paratexte. Das Buch vom Beiwerk des Buches. Vorw.: Harald Weinrich. A. d. Franz.: Dieter Hornig. Frankfurt/M., New York: Campus, 1989.
Roland Goeschl: Projekt Eselsohr. Wien: Edition Splitter, 2001.
Horst Günther: Das Bücherlesebuch. Vom Lesen, Leihen, Sammeln: von Büchern, die man schon hat und solchen, die man endlich haben will. Berlin: Wagenbach, 1992.
Christiaan L. Hart Nibbrig: Spiegelschrift. Spekulationen über Malerei und Literatur. Frankfurt/M.: Suhrkamp, 1987.
Christiaan L. Hart Nibbrig: Warum lesen? Ein Spielzeug zum Lesen. Frankfurt/M.: Suhrkamp, 1983.
Ulrich Holbein: Samthase und Odradek. Frankfurt/M.: Suhrkamp, 1990.
Ivan Illich: Im Weinberg des Texts. Als das Schriftbild der Moderne entstand. Ein Kommentar zu Hugos »Didascalion«. A. d. Engl.: Ylva Eriksson-Kuchenbuch. Frankfurt/M.: Luchterhand, 1991.
Uwe Jochum: Kleine Bibliotheksgeschichte. Stuttgart: Reclam, 1993. (Reclams Universalbibliothek. 8915).
Volker Klotz: Gegenstand als Gegenspieler. Widersacher auf der Bühne. Dinge, Briefe, aber auch Barbiere. Wien: Sonderzahl, 2000.
Kultbücher. Hrsg.: Rudolf Freiburg, Markus May, Roland Spiller. Würzburg. Königshausen & Neumann, 2004.
Der Kulturbetrieb. Hrsg.: Andreas Breitenstein. Frankfurt/M.: Suhrkamp, 1996.
Die Kunst des Lesens. Lesemöbel und Leseverhalten vom Mittelalter bis zur Gegenwart. Hrsg.: Eva-Maria Hanebutt-Benz. 2. Aufl. [Ausstellungskatalog]. Frankfurt/M.: Museum für Kunsthandwerk, 1989.
Kursbuch 153. Literatur. Betrieb und Passion. September 2003.

Gertrud Lehnert: Die Leserin. Das erotische Verhältnis der Frauen zur Literatur. Berlin: Aufbau, 2000.

Leidenschaft und Bildung. Zur Geschichte der Frauenarbeit in Bibliotheken. Hrsg.: Helga Lüdtke. Berlin: Orlanda Frauenverlag, 1992. (Der andere Blick).

Jean Leymarie: Der Brief als Thema der Malerei. A. d. Franz.: Karl Georg Hemmerich. Genf: Albert Skira, 1967.

Literarische Agenturen – die heimlichen Herrscher im Literaturbetrieb? Hrsg.: Ernst Fischer. Wiesbaden: Harrassowitz, 2001. (Mainzer Studien zur Buchwissenschaft. 11).

Literatur / Lektüre / Literarität. Vom Umgang mit Lesen und Schreiben. Hrsg.: Gitta Stagl, Johann Dvorak, Manfred Jochum. Wien: ÖBV, 1991.

Lust am Lesen. Hrsg.: Klaus Maiwald, Peter Rosner. Bielefeld: Aisthesis, 2001. (Schrift und Bild in Bewegung. 2).

Alberto Manguel: Eine Geschichte des Lesens. Berlin: Volk & Welt, 1998.

Walter Mehring: Die verlorene Bibliothek. Autobiographie einer Kultur. Hamburg: Claassen, 1978.

Adolf Muschg: Literatur als Therapie? Ein Exkurs über das Heilsame und das Unheilbare. Frankfurter Vorlesungen. Frankfurt/M.: Suhrkamp, 1981.

Fritz Nies: Bahn und Bett und Blütenduft. Eine Reise durch die Welt der Leserbilder. Darmstadt: Wissenschaftliche Buchgesellschaft, 1991.

NZZ Folio Oktober 1991: Über Bücher. (Beiträge u. a. von: Ulrich Holbein, Julian Barnes, Vilém Flusser, Robert Walser).

Amos Oz: So fangen die Geschichten an. A. d. Hebr.: Ruth Achlama. Frankfurt/M: Suhrkamp, 1997.

Georges Perec: Kurze Anmerkungen über die Kunst und die Art und Weise, seine Bücher zu ordnen. In: Schreibheft. 1988. H. 32, S. 157–161.

Reclams Sachlexikon des Buches. Hrsg.: Ursula Rautenberg. Stuttgart: Reclam, 2003.

Dietmar Rieger: Imaginäre Bibliotheken. Bücherwelten in der Literatur. München: Fink, 2002.

Gottfried Rost: Der Bibliothekar. Wien, Köln: Böhlau, 1990. (Historische Berufsbilder).

Georg Ruppelt: Buchmenschen in Büchern. Von Antiquaren und Buchhändlern, Verlegern und Buchbindern, Buchdruckern und Setzern, Bücherschändern und Bücherdieben, vom letzten Buchautor und von der Zukunft des Buches. Wiesbaden: Harrassowitz, 1997. (Sammlung Harrassowitz).

Erich Schön: Der Verlust der Sinnlichkeit oder Die Verwandlungen des Lesers. Mentalitätswandel um 1800. Stuttgart: Kett-Cotta, 1987. (Sprache und Gesellschaft. 12).
André Schiffrin: Verlage ohne Verleger. Über die Zukunft der Bücher. Nachw.: Klaus Wagenbach. Berlin: Wagenbach, 2000. (Wagenbach Taschenbuch. 387).
Schreibrituale. Eine Anthologie. Hrsg.: Batya Horn, Elisabeth Wäger. Wien: edition splitter, 2004.
Schrift und Gedächtnis. Beiträge zur Archäologie der literarischen Kommunikation. Hrsg.: Aleida und Jan Assmann. 3. unv. Aufl. München: Fink, 1998. (Archäologie der literarischen Kommunikation. 1).
Hans Jürgen Schütz: Seine Begierde zu lesen, war unersättlich. In: Börsenblatt für den Deutschen Buchhandel. 1993. H. 12–17.
Manfred Sommer: Sammeln. Ein philosophischer Versuch. Frankfurt/M.: Suhrkamp, 1999.
Die Sprache der Kunst. Die Beziehungen von Bild und Text in der Kunst des 20. Jahrhunderts. Hrsg.: Eleonora Louis, Toni Stooss. Stuttgart: Edition Cantz, 1993.
Günther Stocker: Schrift, Wissen und Gedächtnis. Das Motiv der Bibliothek als Spiegel des Medienwandels im 20. Jahrhundert. Würzburg: Königshausen & Neumann, 1997. (Epistemata. Reihe Literaturwissenschaft. 210).
Text + Kritik 152. Digitale Literatur. Oktober 2001.
Gerhard Theewen: Confusion Selection. Gespräche und Texte über Bibliotheken, Archive, Depots. 2. Aufl. Köln: Salon-Verlag, 1996.
Robert Vellusig: Schriftliche Gespräche. Briefkultur im 18. Jahrhundert. Wien, Köln, Weimar: Böhlau, 2000. (Literatur und Leben. 54).
Gaetano Volpi: Del furore d'aver libri. Palermo: Sellerio editore, 1988.
Von Büchern & Menschen. Frankfurt/M.: Schöffling & Co, 2002.
Felix Weigner: Ausgelesen? Das Buch im Umfeld von Kultur und Kulturindustrie. Münsingen-Bern: Fischer, 1989.
Wenn Kopf und Buch zusammenstoßen. Ein Lesebuch übers Lesen. Hrsg.: Thomas Tebbe. München, Zürich: Piper, 1998.
Florian Felix Weyh: Internet. München: Deutscher Taschenbuch Verlag, 2001. (Kleine Philosophie der Passionen).
Wieso Bücher? Wie und mit welchen Absichten überlebt man gute Bücher, Zimmerbrände und deutsche Umgebung? Oder: Anstiften von Denken und Laune! Berlin: Wagenbach, 1994.

Kleine Orientierungshilfe